Robert Spengler
Menschengewinner

ROBERT SPENGLER

MENSCHEN GEWINNER

Die besten Strategien,
mit anderen ins Gespräch
zu kommen und sie
von sich zu überzeugen

Verlagsgruppe Random House FSC® N001967
Das für dieses Buch verwendete FSC®-zertifizierte Papier
Super Snowbright liefert Hellefoss AS, Hokksund, Norwegen.

Bibliografische Information der Deutschen Bibliothek

Die Deutsche Bibliothek verzeichnet diese Publikation
in der Deutschen Nationalbibliografie; detaillierte bibliografische Daten
sind im Internet unter http://dnb.ddb.de abrufbar.

2. Auflage
© 2013 Ariston Verlag in der Verlagsgruppe Random House GmbH
Alle Rechte vorbehalten

Umschlaggestaltung: Nele Schütz Design
unter Verwendung eines Motivs von Thinkstock
Satz: EDV-Fotosatz Huber/Verlagsservice G. Pfeifer, Germering
Druck und Bindung: GGP Media GmbH, Pößneck
Printed in Germany

ISBN 978-3-424-20052-2

INHALT

Teil 2: In Kontakt sein

Teil 3: In Kontakt bleiben

TEIL 1:

IN KONTAKT KOMMEN

Den ersten Schritt wagen – das Prinzip der umgedeuteten Glaubenssätze

1. Passiv sein bringt gar nichts ein

Wieso jeder Kontakt ein Gewinn ist

Haben Sie das auch schon erlebt? Sie möchten jemanden zum ersten Mal anrufen – und am meisten beschäftigt Sie die Frage, was der andere gegen Ihren Anruf haben könnte. Eine innere Stimme sagt Ihnen: *Bestimmt hat der jetzt gar keine Zeit für mich!* Oder: *Das kann ich doch eigentlich auch selbst herausfinden, da muss ich jetzt nicht extra anrufen!* Bei der Kontaktaufnahme per E-Mail passiert das Gleiche und beim persönlichen Kontakt erst recht. Vielen von uns fallen ganz schnell tausend Gründe ein, warum es sich gar nicht lohnt, auf jemanden zuzugehen. Fast alle meine Seminarteilnehmer kennen noch das Herzklopfen aus ihrer Jugend, wenn sie ein Mädchen oder einen Jungen auf einer Party nicht anzusprechen wagten. Die ganz Mutigen geben dann zu, dass sie auch als Erwachsene regelmäßig solche Situationen erleben. Sowohl im Job als auch privat. Manchmal können die negativen inneren Monologe so weit gehen, dass sie einen Menschen völlig lähmen.

> Szene: Ein Café außerhalb der Stadt, idyllisch an einem kleinen See gelegen, schöne Aussicht, große Terrasse. Es ist Sommer, früher Abend an einem Werktag, das Café ist mäßig besucht.

Nach meiner Erfahrung merkt man es Menschen selten an, ob sie im Umgang mit ihren Mitmenschen zur Passivität neigen und Kontakte lieber vermeiden. Oft bestimmen Äußerlichkeiten das Bild, das wir uns von anderen machen.

> Auftritt Ingo: Der 39-jährige Betriebswirt schließt per Fernbedienung seinen 5er BMW ab und schlendert vom Parkplatz auf die Café-Terrasse. Er trägt einen hellgrauen Sommeranzug mit mintgrüner Krawatte. Entspannt geht er an einen freien Tisch am Rand der Terrasse und legt seine Aktentasche ab. Ingo wirft sein Jackett über eine Stuhllehne, öffnet seinen Hemdkragen, nimmt die Krawatte ab und verstaut sie in der Aktentasche. Schließlich holt er ein Nachrichtenmagazin hervor und beginnt zu blättern. Da kommt auch schon die Bedienung. Ingo bestellt: »Einen Cappuccino und ein stilles Wasser, bitte, so wie immer!«

Menschen wie Ingo haben so ihre Rituale. Manchmal ist es der Cappuccino und das stille Wasser. Möglicherweise sitzt Ingo auch immer an demselben Tisch, wenn er nach der Arbeit in das Café kommt. Eigentlich wirkt er jetzt ganz locker. Aber er braucht unbedingt etwas zum Blättern, obwohl ihn das Magazin gar nicht interessiert. Offensichtlich will er beschäftigt wirken.

> Auftritt Kristin, Mitte 30, Immobilienkauffrau: Sie trägt ein elegantes Sommerkleid, hat eine Sonnenbrille auf und ihr Handy am Ohr, als sie die Café-Terrasse betritt und beiläufig einen freien Platz sucht. Eher zufällig steuert sie auf den Tisch neben Ingo zu. Ingo kann ihr Telefonat mithören.

»Das glaub ich doch jetzt nicht, dass dieser Typ mich
versetzt! Wir machen eigens einen Termin nach
18 Uhr und ich fahre hier raus, da überlegt dieser
Idiot es sich anders, sagst du? Am Ende hat der gar
kein Geld, ein Haus zu kaufen, und verschaukelt uns
nur. Jedenfalls danke für die Info, Susanne. Ciao!«

Kristin klappt ihr Handy zu, atmet einmal tief durch,
setzt sich dann an den Tisch neben Ingo und ruft der
Kellnerin zu: »Einen Prosecco, bitte!«

Es heißt nicht umsonst »Zufall ist, was einem zufällt«. Tatsächlich ergeben sich die interessantesten Kontakte oft durch Zufall. So könnte es auch bei Kristin und Ingo sein. Vielleicht ver-
kauft Kristin das Traumhaus in Hanglage, nach dem Ingo
schon seit Jahren Ausschau hält. Oder vielleicht sind beide gerade auf der Suche nach einem neuen Squashpartner. Ingo
könnte auch wissen, dass in seinem Unternehmen demnächst
ein Job frei wird, der für Kristin genau der richtige wäre. Wo sie
nun einmal zufällig beide hier sitzen und Kristins Termin ge-
platzt ist, brauchen sie nur miteinander in Kontakt zu kommen, um das alles herauszufinden!

Kristin hat ihren Prosecco zur Hälfte getrunken und
beobachtet Ingo am Nachbartisch.

Interessanter Typ, denkt sie, *sportliche Ausstrahlung.*
Was der wohl beruflich macht? Kristin schaut nicht
nur in Ingos Richtung, sondern dreht sich auch
leicht zu ihm und nimmt eine offene Körperhaltung
ein.

An der Körpersprache können Sie klar erkennen, wie offen eine Person für Gespräche ist und wie aktiv sie den Kontakt sucht. Ingo hat es hier besonders leicht, er könnte einfach durch die offene Tür gehen. Aber stattdessen scheint er sich plötzlich für einen Artikel in seinem Nachrichtenmagazin mehr zu interessieren als für alles andere. Was soll das denn? Der Artikel über die Erschließung der Bodenschätze in Kasachstan kann doch wohl nicht fesselnder sein als die Superfrau am Nachbartisch! Hören wir mal in Ingo hinein.

Mann, schaut die schick aus! Die Figur ist nicht ohne und die Klamotten haben echt Stil. Die würde ich schon mal gerne näher kennenlernen. Ich bin ja nun schon ewig Single. Die wirkt intelligent und richtig sympathisch. Die Frau hat Klasse! Ein Abend mit ihr im Casa Grande, mit leckerem Essen bei romantischem Kerzenlicht. Hm, wer weiß, was sich daraus entwickeln könnte!

Ingo fixiert seinen Blick auf den Magazinartikel, ohne einen Buchstaben zu lesen. Seine Gedanken werden plötzlich düster. *Aber wer weiß, in welchen Kreisen die verkehrt. Ob da meine Bildung ausreicht? Und wer weiß, was die von so einem wie mir noch alles erwartet. Ich bin nur ein kleines Rädchen in einem Konzerngetriebe, mit einem geleasten 5er und einer unaufgeräumten Mietwohnung. Das sieht bei mir zu Hause vielleicht aus!*

Irgendwo in Ingos Zeitschrift scheint eine Anleitung zum Hellsehen zu stehen: *Wenn diese Frau bei mir reinkommt, läuft die glatt schreiend wieder raus. Aber gut, dann wäre sie halt wieder weg und würde wenigs-*

tens nicht sehen, dass ich sechs Wochen nicht im Fit-
ness war. Mein Bauchspeck ist echt ekelhaft. Nee,
schade, bei der habe ich keine Chance!

Ingo empfindet sich also als chancenlos. Die Frage ist nur:
Chancenlos auf was? Auf ein nettes Gespräch an einem schönen Sommerabend? Auf einen interessanten Kontakt? Schon
komisch, wie sich seine Vorstellung so schnell auf das Thema
Beziehung einengt. Wäre es nicht erst einmal besser, offen für
ein unverbindliches Gespräch und die tausenderlei Möglichkeiten, die sich daraus ergeben könnten, zu sein? Aber was
denkt eigentlich Kristin über Ingo?

Also, sein Augenaufschlag ist ja wirklich voll süß!, fin-
det Kristin. *Und ganz schön sportlich ist der, das sieht*
man. Aber auch sensibel, wie er so dasitzt, der hat es
gar nicht nötig, einen auf Macker zu machen. Ich
würde ja wirklich gerne mal wissen, ob der auf jeman-
den wartet oder hier einfach nur abhängt. Nein, der
sitzt schon so lange hier, der wartet nicht.

Kristin wendet sich Ingo noch mehr zu und schaut
ihm von der Seite direkt ins Gesicht.

Aber was ist an dieser blöden Zeitschrift bloß so inter-
essant? Oder findet der mich etwa versnobt? Also hey,
ich bin fürs Business angezogen und ich bin eben ver-
setzt worden. Deshalb bin ich noch lange keine Edel-
tussi! Ich hätte bei dem Wetter ja nun wirklich lieber
was Bequemeres angezogen.

Wenn Sie jemand so direkt anschaut wie Kristin gerade Ingo, dann wissen Sie, dass derjenige jetzt in Kontakt kommen möchte. Und zwar sofort! Oder gibt es jemanden, der das nicht weiß?

> *Ach, du meine Güte, die guckt ja die ganze Zeit zu mir rüber!*, denkt Ingo. *Was mach ich jetzt bloß? Soll ich sie ansprechen? Aber was soll ich sagen? Ich glaube, ich kann das nicht.* Ingo nimmt sein Magazin in beide Hände und hält es sich vors Gesicht. *Nee, wir passen sowieso nicht zusammen. Das wird nichts. Ich lese mal lieber, wie der neue GTI hier im Test abschneidet*

Eigentlich ist es Kristin ja zu dumm – aber warum soll sie Ingo eigentlich nicht ansprechen, wenn sie mit ihm in Kontakt kommen will?

> »Entschuldigen Sie! Haben Sie hier schon einmal etwas gegessen? Können Sie mir etwas von der Karte empfehlen?«

> »Ja ... also ... ich meine: Nein. Ich trinke hier immer nur Cappuccino und Wasser. Das tut mir echt furchtbar leid. Fragen Sie bitte jemand anderen. Oder die Bedienung vielleicht.«

> Ingo hat nur vorsichtig zu Kristin geschaut und hält sich dann sofort wieder sein Magazin vors Gesicht. Jetzt fühlt er sich wieder sicher.

> »Na ja, trotzdem danke!«

Au weia!, denkt Kristin. *Den Typen kann man ja wohl vergessen.* »Zahlen, bitte!«

Gut dass ich die los bin!, sagt sich Ingo. *Wer weiß, was ich mit der noch alles erlebt hätte. So dominant, wie die drauf ist, hätten wir uns niemals auf Namen für unsere gemeinsamen Kinder einigen können!*

Mit diesen Gedanken rechtfertigt Ingo sein Versagen. Wenn wir Begründungen fürs Nichtstun suchen, sind wir Meister der Kreativität. Ingo hatte die Chance auf ein nettes Gespräch mit einer tollen Frau. Hatte. Dabei kann sich Ingo durchaus charmant mit Frauen unterhalten. Wenn er denn einmal im Dialog ist! Doch vorher finden seine scheinbar hellseherischen Fähigkeiten tausend Gründe, warum sich das angeblich gar nicht lohnt. Ihm entgeht, dass er lauter Mutmaßungen anstellt, von denen keine einzige zutrifft. Aber irgendwann hält er seine Hypothesen für die Realität. Würde er mit seinem Gegenüber ins Gespräch kommen, hätte er schnell ein zutreffenderes Bild. Was bringt Ingo seine Passivität also ein? Die Antwort lautet: nichts. Sein Feierabend ist kein bisschen schöner geworden. Im Gegenteil, Ingos Laune hat sich verschlechtert. Er hat weder sein geschäftliches noch sein privates Netzwerk erweitert und das Prickeln nach einem gelungenen Flirt erlebt er auch nicht.

So kommen Sie in Kontakt

Wenn Sie auch nur ein wenig von dem beschriebenen Verhalten in sich selbst wiederfinden, lohnt sich eine simple Gewinn-und-Verlust-Rechnung: Was können Sie schlimmstenfalls verlieren, wenn Sie aktiv werden und aus einer zufälligen Begegnung einen Kontakt machen, und was können Sie alles gewinnen? Sobald Sie nur kurz darüber nachgedacht haben, werden Sie feststellen: Sie können *überhaupt nichts verlieren*, wenn Sie mit Menschen ein Gespräch beginnen, sondern *ausschließlich gewinnen*. Wagen Sie den ersten Schritt, haben Sie die Chance auf ein Ja, wagen Sie ihn nicht, haben Sie das Nein garantiert. Und es ist und bleibt ein Nein, auch wenn es nicht ausgesprochen wurde. Egal, wie Ihr Gespräch mit einer bisher unbekannten Person verläuft, Sie werden auf jeden Fall

❭ in eine bessere Stimmung kommen, denn alle Menschen lieben Kommunikation und Austausch,
❭ Ihre Menschenkenntnis verbessern, weil Sie äußeren Eindruck und persönlichen Ausdruck abgleichen können,
❭ eine Chance nutzen, das nächste gute Geschäft zu machen, den nächsten Geheimtipp zu bekommen, den nächsten Partner zu finden und so weiter.

Übrigens: Nach einer Studie von Parship finden 48 Prozent ihren zukünftigen Partner in Lokalen und in ihrem Bekanntenkreis.* Schade, dass Ingo Kristins beste Freundin nicht kennenlernen wird ...

Also wagen Sie den ersten Schritt und seien Sie offen für alles, was sich aus einer solchen Kontaktaufnahme ergeben kann. Unsere Hemmungen und Ängste rühren fast immer daher, dass wir uns zu viele Gedanken machen. Schalten Sie ihren skeptischen inneren Dauerredner aus und sprechen Sie Ihr Gegenüber an.

---

* http://www.singleboersevergleich.com/news/wo-finden-deutsche-ihren-partner Titel: Wo finden Deutsche ihren Partner?

Praxis-Tipp

Wenn Sie merken, dass Sie Hypothesen aufstellen, nur um die anvisierte Person nicht ansprechen zu müssen, versuchen Sie doch einmal folgenden Trick: Stellen Sie sich vor, Ihr Gegenüber würde sich verkleiden. Welche Rolle würde dieser Mensch wohl wählen? Clown, Pirat oder vielleicht doch eher Sträfling? Lassen Sie die Person nun etwa fünf Sekunden so verkleidet vor Ihrem inneren Auge erscheinen. Dann denken Sie sich das Kostüm wieder weg. Fast immer wirkt Ihr potenzieller Gesprächspartner hinterher weniger »gefährlich«, sondern viel offener und freundlicher auf Sie. Probieren Sie es aus!

2. Lust gewinnen oder Schmerz vermeiden?

Die Grundentscheidung: Von der geschlossenen zur offenen Haltung

Stellen Sie sich vor, Sie haben sich fest vorgenommen abzunehmen. Mit dem Rauchen aufzuhören. Oder diese zauberhafte Unbekannte, der Sie beim Bäcker täglich auflauern, zum Essen einzuladen. Sie grübeln über die für Sie am besten geeignete Diät, decken sich mit Nikotinpflastern ein, überlegen sich tausend Kniffe, wie Sie die potenzielle Traumfrau auf sich aufmerksam machen könnten. Sie schmieden Pläne über Pläne über Pläne, doch alle guten Vorsätze nutzen nichts: Sie schieben den ersten Schritt immer weiter vor sich her. Und wenn Sie Monate später merken, dass Sie immer noch nichts unternommen haben, werfen Sie endgültig die Flinte ins Korn. Traummaße, Gesundheit, schöne Unbekannte hin oder her – Ihre Motivation reicht einfach nicht aus.

Wenn Ihnen eine dieser Situationen auch nur annähernd bekannt vorkommt, überlegen Sie mal, *warum* Ihre Motivation nicht ausreicht. Meist liegen die Gründe auf der Hand. Frage ich meine Seminarteilnehmer, warum sie Dinge *nicht* tun, kommen verschiedene Ängste hoch. Beispiel Bäckereibekanntschaft: Männliche Teilnehmer würden sagen: »Die Frau einfach ansprechen? Sie könnte mir doch einen Korb geben!« Oder: »Ich würde ja gern auf sie zugehen … aber was ist, wenn ich sie auf dem falschen Fuß erwische? Dann verspiele ich mit einem Schlag meinen einzigen Joker!« Die Reaktionen zeigen, dass hinter der Scheu, jemanden anzusprechen, immer der Versuch steckt, Unangenehmes zu vermeiden.

In der Regel wählt der Mensch den einfachsten Weg. Und der geht stur geradeaus. Aber wenn man unangenehme Situationen vermeiden möchte, kann man ganz schön erfinderisch werden – ich spreche aus Erfahrung. Abnehmen? Klar, nächste Woche nach dem Raclette-Essen. Mit dem Rauchen aufhören? In jedem Fall. Wenn der Stress im Job vorbei und die Deadline gehalten ist. Eine Stunde joggen pro Tag? Definitiv. Aber nicht, wenn es nach Regen aussieht. Die Nixe ansprechen? Ganz sicher, aber doch nicht heute!

Fakt ist: Die Strategie, Schmerzhaftes zu vermeiden, sitzt tief in uns. Erst recht beim Thema Kontaktaufnahme. Denn unsere Vorfahren begegneten fremden Menschen immer mit Scheu. Und das aus gutem Grund. Im Neandertal hätte Homo sapiens Horst vermutlich einen eingeschlagenen Schädel riskiert, wenn er Homo neanderthalensis Norbert beim Erstkontakt lächelnd die Hand gereicht hätte. Aber ich kann Sie beruhigen: Diese berechtigte Vorsicht im Umgang mit Fremden ist mit den Jahren etwas aus der Mode gekommen. Heute ist sie nicht mehr notwendig. Wer offen auf andere zugeht, kann nur gewinnen! Aber überzeugen Sie sich am besten selbst:

> Szene: Peters Geburtstagsfeier in seiner geräumigen Vier-Zimmer-Wohnung. Gedimmtes Licht, viel Chrom, 70er-Jahre-Charme. Die Gäste haben sich um die eigens für die Party aufgestellten Stehtische gruppiert, sie haben richtig Spaß und genießen die selbst gemachten Lachs-Schnitten.

Wer neue Kontakte knüpfen will, dem empfehle ich Kongresse, Festivals, Konzerte oder Social-Network-Events. Die Chance, neue Gesichter zu sehen, ist auf Veranstaltungen am höchsten. Eine ideale Gelegenheit sind private Partys, auf die auch Ihnen Unbekannte eingeladen sind. Sollten Sie keine Begleitung haben, umso besser! Gehen Sie alleine hin! Wie diese Dame:

> Auftritt Melanie: Die 38-jährige Sachbearbeiterin ist allein zur Party gekommen. Den strähnchenblonden Pagenkopf tief zwischen den Schultern, ein kleines Geschenk in der Hand, sucht sie zielstrebig das Geburtstagskind.
> »Mensch, Melanie. Toll, dass du da bist!« – überrascht Peter sie von hinten. »Ich ahne schon: Das Buch, das ich mir gewünscht habe! Du bist ein Schatz. Bedien dich doch, ich muss noch mal in die Küche.« – Und schon ist Peter weg.

Das schwarze Designer-Täschchen eng an ihr Cocktailkleid gepresst, steht Melanie ratlos da. *Mist, was mache ich nun? Ich kenn hier keine Menschenseele!*

Körperlich ist sie anwesend, aber innerlich nicht wirklich präsent. Sonst würde sie merken, dass sich andere Gäste nach ihr umdrehen.

»Hey, wer ist das da drüben?«, fragt eine junge Frau ihren Freund. »So ein tolles Kleid habe ich bisher nur in Zeitschriften gesehen! Ob sie in der Modebranche arbeitet?«
»Kann sein. Ich winke ihr mal zu, auf unserem Sofa ist ja noch ein Platz frei. Aber sie scheint sich nach jemand anderem umzuschauen. Schade, sie wirkt echt interessant.«

Alle sind da, um eine gute Zeit zu haben. Neue Bekanntschaften gehören selbstverständlich dazu. Nur für Melanie anscheinend nicht. Zweimal hatte Peter sie schon zu seinen Partys eingeladen, zweimal sagte sie mit fadenscheinigen Ausreden ab. Ihn auch noch an seinem Geburtstag zu enttäuschen – das brachte sie nicht übers Herz. Mal ganz davon abgesehen, dass ihr die Ausreden langsam ausgingen. *Was muss, das muss*, redete sie sich ein. Diesmal musste sie in den sauren Apfel beißen.

Peter ist schon volle fünf Minuten weg und Melanie steht immer noch da wie auf dem Abstellgleis. Die Schultern bis zu den Ohren hochgezogen, die Hände unentschieden. Für einen Moment hebt sie den Kopf und ihr Blick kreuzt den des jungen Mannes, der ihr vorher zugewunken hatte.

Na prima, denkt sie. *Ich hatte schon vermutet, dass Peter eher Freunde in seinem Alter hat. Aber die sind ja alle noch jünger, als ich dachte. Hier ist keiner über 30, da gehe ich jede Wette ein. So lässig, wie die drauf sind, in ihren ausgewaschenen Jeans und flippigen Shirts … ich bin mal wieder viel zu aufgedonnert! Wo ist der Erdboden, in dem ich versinken kann?*

Die Art, wie jemand einen Raum betritt, ist wie ein offenes Buch für den, der darin zu lesen versteht. Körpersprache und Verhalten sind schließlich nichts anderes als ein Spiegel der inneren Haltung. Die Tatsache, dass sie nur aus Anstand gekommen ist, kann Melanie beim besten Willen nicht vertuschen. So, wie sie dasteht, wirkt sie nicht gerade offen für Gespräche: Die neugierigen Blicke der anderen lassen sie völlig kalt, die Einladung auf die Couch hat sie gar nicht erst registriert. Dabei war das eine ausgestreckte Hand! Hätte sie sie ergriffen, wäre sie sofort im Gespräch gewesen. So steht sie weiterhin allein da – ein einziges Fragezeichen.

Auf einmal scheint Melanie aber Mut zu fassen. Rafft sie sich doch noch auf, um etwas aus dem Abend rauszuholen?

Melanie zieht von einem Raum in den nächsten. Sie ist eindeutig auf der Suche nach etwas Bestimmtem. »Kann ich dir helfen?«, fragt ein Zwei-Meter-Adonis mit randloser Brille und dunklen Locken. »Ich bräuchte nur ein Glas, möchte Sie aber nicht stören.« – »Ach was, du störst mich doch überhaupt nicht!« Der Adonis führt sie zum Getränketisch und mixt ihr, ganz Gentleman, sogar einen Aperitif. Melanie nickt dankend, klammert sich an das Glas, lässt den Adonis stehen und verkriecht sich an einen

Stehtisch in der Nähe des Ausgangs. Ganz in der Ecke, dort, wo es schon ein klein wenig dunkler ist. Dann zieht sie noch ihr Mobiltelefon aus der Tasche und klickt sich vermeintlich hoch konzentriert durch ihre Mitteilungen.

Spätestens jetzt ist klar: Melanie denkt gar nicht darüber nach, wie sie den Abend für sich noch retten könnte. Schade eigentlich. Sie müsste nur einen Schalter im Kopf umlegen, und schon würde sie sehen, wie viele Chancen ihr gerade offenstehen. Hätte sie ihr Handy in die Tasche gesteckt und sich zu anderen Gästen gesellt, hätte sie jetzt garantiert richtig Spaß. Und am Ende der Party sehr wahrscheinlich auch ein größeres Netzwerk. Stattdessen wendet sie ihre ganze Energie auf, um die vermeintlich unangenehme Situation zu vermeiden. Sie weicht aus, schirmt sich ab und verhindert jeden Kontakt. Am liebsten würde sie mit der Wand verschmelzen oder gleich wieder ins Auto steigen. Na gut, hier im Schummerlicht ist sie einigermaßen sicher. Aber während sie mit ihrem Mobiltelefon spielt, plagen sie weitere Gedanken.

Was mache ich denn jetzt bloß? Ich kann ja unmöglich noch mal zehn Minuten auf meinem Handy herumklicken! Hier so allein in der Ecke stehen, mitten auf einer Party – die ersten Leute gucken schon komisch. Am besten mach ich mich irgendwie nützlich. In Bewegung bleiben, das ist gut. Dann falle ich wenigstens nicht so auf.

Gesagt, getan. In der nächsten halben Stunde sammelt Melanie benutztes Geschirr ein, leert Aschenbecher aus und wirft die Spülmaschine an. Die braucht aber eine gute Stunde. Also schleicht sie sich wieder ins Wohnzimmer, wo mittlerweile bei wilden Beats getanzt wird. *Auweia, da muss ich jetzt wohl auch die Hüften schwingen.* Melanie schnappt sich lieber einen Lappen und wischt die Tische ab.

>>Sind Sie Peters Mutter?<<, will ein junges Mädchen wissen. *Na bitte*, denkt Melanie und lächelt säuerlich. *Hab ich's doch gewusst.*

Nachdem Melanie alle Vermeidungsstrategien ausprobiert hat, ist die Party für sie beendet. So unauffällig wie möglich schleicht sie in Richtung Tür. Vor der Garderobe empfangen sie aber drei Herren, die sie ausdrücklich an ihren Tisch einladen. Im gleichen Augenblick geht die Eingangstür auf.

Auftritt Tanja: Die Marketingassistentin ist mit ihren 45 Jahren definitiv die Älteste im Raum. Den Blazer, der unverkennbar aus einer Boutique mit >>Mode für Mollige<< stammt, trägt sie lässig über der Schulter. Der hellbraune, modern geschnittene Hosenanzug spannt ein wenig um die Hüften, aber Tanja macht trotzdem eine gute Figur: Ihr offenes Lächeln unter dem feuerroten Bubikopf ist umwerfend und ihre aufrechte Haltung eine einzige Einladung.

Tanja ist Peters Patentante. Wie Melanie kennt sie niemanden – Peter ausgenommen – und landet zeitgleich mit Melanie an dem Tisch mit den drei Herren. Man unterhält sich gerade über einen angesagten Künstler, dessen Bilder in allen großen Museen gezeigt werden. Der Name des Künstlers sagt Tanja nichts, aber das Thema interessiert sie.

Tanja nähert sich Melanie, aber die ist mit ihrem Handy beschäftigt. Also wendet Tanja sich an einen der Männer: »Malen Sie selbst?«, fragt sie.

»Malen? Nein. Ich bin Bildhauer. Und Sie? Sind Sie Mäzenin?«

Die anderen lachen, und Tanja lacht mit: »Mäzenin? Noch nicht. Aber wer weiß, vielleicht habe ich in einigen Jahren ein paar Euro übrig, um junge Künstler zu unterstützen ... Tanja Meller mein Name, ich arbeite in der Marketingabteilung bei Papierwelt Hummelshausen. Aus Aachen. Sie wissen schon, das ist die Stadt mit den Printen.«

Kaum hat sie ihren Blazer abgelegt, ist Tanja schon mitten im Gespräch. Was ist ihr Erfolgsgeheimnis? Ihre offene Haltung. Hier liegt der Hase im Pfeffer.

Allgemein gesagt: Ob wir mit einer offenen oder geschlossenen Haltung auf andere zugehen, ist einzig und allein unsere Entscheidung. Eine Entscheidung, bei der es darum geht, Lust zu gewinnen oder Schmerz zu vermeiden.

Tanja wollte Spaß haben und ein paar nette Leute treffen. Und ihre Offenheit hat sich ausgezahlt. Denn an diesem Abend ist sie auf einen zukünftigen Geschäftspartner gestoßen, mit dem sie einen neuen Vertriebskanal planen wird. Melanie hingegen startete mit angezogener Handbremse – und hat entsprechend wenig erreicht. Um Aschenbecher und Spülmaschine hätten sich auch andere gekümmert, wenn die Party vorbei ist. Aber weil der Wunsch nach Schmerzvermeidung in Melanies Überlegungen an erster Stelle stand, hatte sie an diesem Abend nur schlechte Laune. Lustgewinn gleich null.

Eine positive Grundhaltung einzunehmen, fällt dem einen leichter als dem anderen. Es gibt nun mal Draufgänger und eher vorsichtigere Gemüter. Doch dass es der stillen Melanie etwas schwerer fällt, Kontakte zu knüpfen, als der offenen Tanja, müsste für Melanie noch lange kein Grund sein, den Abend als Mauerblümchen zu verbringen. Sicherlich hat auch Melanie in ihrem Leben schon fremde Menschen angesprochen und weiß: So unüberwindbar schwierig ist das gar nicht. Dass sie jetzt frierend draußen steht und missmutig auf ein Taxi wartet, hat sie nur ihrer eigenen Haltung zu verdanken. Schade. Und unnötig dazu.

Wenn Sie sich auch nur ein wenig in Melanie wiederfinden, sollten Sie sich von Tanjas Auftritt eine Scheibe abschneiden. So können Sie beispielsweise offen sagen, dass Sie fremd sind, wenn Sie auf einer Veranstaltung niemanden kennen. Denn Sie sind sicherlich nicht der erste Mensch, der allein zu einem Event geht – und auch nicht der letzte. Warum also nicht einfach über den eigenen Schatten springen, Kontakt aufnehmen und schauen, was sich daraus ergibt? Ganz locker und entspannt, ohne große Erwartungen – und ohne Vorbehalte.

Das können Sie nicht, denken Sie? In meinen Seminaren habe ich festgestellt: Jeder kann das. Denn niemand ist Sklave seines Wesens. Wenn ich den eher zurückhaltenden Teilnehmern zeigen will, dass auch sie offensiver werden und sich Gehör verschaffen können, dann mache ich gerne folgende Übung: Ich bitte die Teilnehmer aufzustehen, sich im Raum zu bewegen und sich dabei möglichst unsichtbar zu machen. Dann werden sie ganz leise, verstecken sich, suchen Ecken und Winkel und pressen sich dicht an die Wand. Danach bitte ich sie, sich sichtbar zu machen. Sogleich erblickt man erhobene Häupter und gerade Wirbelsäulen, der Raum ist voll sirrender Präsenz. Erstaunlich, welche Energie jeder noch so Zurückhaltende in sich trägt! Und was er mit dieser Energie bewirken kann – wenn er nur will.

So kommen Sie in Kontakt

Sie haben sich vorgenommen, aktiv auf Menschen zuzugehen, und plötzlich fallen Ihnen tausend Ausreden ein, weshalb sie es doch nicht tun sollten? Schlagen Sie Ihren Vermeidungsstrategien ein Schnippchen und halten Sie es mit den alten Römern: Audiatur et altera pars – auch die andere Seite sollte gehört werden. Wechseln Sie die Sichtweise und gönnen Sie Ihrem ungeliebten halb leeren Glas einen zweiten Blick. Würden Sie es auch beiseiteschieben, wenn es halb *voll* wäre? Malen Sie sich nicht nur alles Schlechte aus, sondern fragen Sie sich zum Beispiel: *Was habe ich davon, wenn ich es doch wage?* Und dann legen Sie in Gedanken ein Konto mit Plus- und Minusspalten an und wägen den vermeintlichen Schmerz und den möglichen Lustgewinn gegeneinander ab. Ist der Gewinn so groß, dass es sich lohnt, sich zu überwinden? Wenn ja: Treffen Sie eine Entscheidung – und stehen Sie dazu. Gehen Sie nicht nur zur Veranstaltung. Sondern gehen Sie auch neugierig auf andere zu! Sprechen Sie Menschen an. Und ehe Sie es sich versehen, sind Sie mittendrin in der Unterhaltung.

Praxis-Tipp

Überlegen Sie sich bei nächster Gelegenheit im Vorfeld den perfekten Einstiegssatz. Zum Beispiel: »Entschuldigung, ich bin allein hier. Mein Name ist Hans Schmidt. Ist es in Ordnung für Sie, wenn ich mich dazustelle?« Diesen Satz lernen Sie auswendig – so lange, bis Sie ihn im Schlaf her-

sagen können. Stellt Ihr innerer Schweinehund sich Ihnen
dann wieder einmal in den Weg, ist dieser Satz – oder Ihre
persönlich ersonnene Alternative dazu – Ihr Ass im Ärmel.
Sie beten ihn einfach herunter, ohne nachzudenken. Meine
Seminarteilnehmer haben damit nur gute Erfahrungen gemacht. Warum? Setzen Sie einmal die Brille Ihres Gegenübers auf: Hier bittet ein Mensch um Hilfe. Und helfen tun
wir alle gern.

3. Wer Ausreden findet,
kann auch Anreden finden

Menschen ansprechen – so geht's

Einmal angenommen, Sie möchten Ihren Chef nach einer Ge-
haltserhöhung fragen. Sie haben zum Erfolg einiger Großpro-
jekte entscheidend beigetragen und fänden es nur fair, wenn Sie
daran beteiligt würden. Was tun Sie, damit der Boss das auch
einsieht? Sie wälzen Karriere-Ratgeber, prüfen Ihre Argumenta-
tionskette auf Herz und Nieren, üben Ihren Text vor dem Spiegel, um dann an der Bürotür des Chefs wieder einmal vorbeizu-
gehen – statt anzuklopfen. Das machen die meisten meiner
Seminarteilnehmer zunächst so. Wenn es »um die Wurst geht«,
wird es ihnen dann doch zu heiß. Gerade wenn der andere im
geschäftlichen Bereich höher in der Hierarchie steht, wagen es
viele Menschen nicht, ihn tatsächlich anzusprechen. Sie wollen
ihre Beziehung zum Chef nicht aufs Spiel setzen oder schlechte

Stimmung verbreiten, heißt es dann. Und am Ende ärgert man sich doch, dass man sein Ziel nicht hartnäckiger verfolgt hat.

Im Ausreden-Erfinden sind die meisten Menschen Weltmeister: »Ich störe doch bestimmt. Er hat ja nicht so viel Zeit. Und wo ich gerade so darüber nachdenke – es bringt wahrscheinlich gar nichts, ihn anzusprechen.« Das gilt nicht nur im Job, sondern auch im privaten Bereich. Überlegen Sie nur: Wie oft waren Sie mit Menschen in einem Raum, die Sie für unnahbar hielten und deshalb nicht angesprochen haben? Wenn Ihnen nur *eine* solche Situation einfällt, dann machen Sie sich zunächst klar, warum Sie die Kontaktaufnahme unterlassen haben. Manchmal ist es die Angst vor einer Abfuhr, manchmal verkriechen wir uns in die Ecke, weil es bequemer scheint. Aber entspannt sind wir dabei nicht. Das Ganze ist eher eine Qual.

Stellen Sie sich vor, Sie könnten in solchen Situationen elegant über Ihren eigenen Schatten springen. Was Ihnen da alles offenstünde! Neue spannende Geschäftsbeziehungen, ein erstes Gespräch mit Ihrem Traumpartner, die Erkenntnis, dass sich ein vermeintlicher Unsympath als netter Kerl entpuppt – oder einfach nur ein schöner Abend mit anregenden Gesprächen, den Sie in dem guten Gefühl verbracht haben, dazuzugehören. Was wäre also, wenn Sie Ihren Einfallsreichtum dazu nutzen würden, um mit Ihren Mitmenschen in Kontakt zu kommen, statt ihn in das Erfinden von Ausreden zur *Kontaktvermeidung zu investieren?*

> Szene: Ein Flieger, kurz vor dem Start. Der Pilot hat die Passagiere begrüßt, die Stewardessen bringen sich in Position. Der Blick aus dem Fenster zeigt grauen Himmel, grauen Regen, graues Rollfeld.

Auch im Alltag – und für viele ist Fliegen im Beruf inzwischen alltäglich – lohnt es sich, die Augen für neue Kontakte offen zu halten. Manchmal ergeben sich dabei ungeahnte Möglichkeiten.

> Auftritt Julia: Die 38-Jährige Bibliothekarin ist auf dem Weg zu einer Messe in Frankfurt. Sie hat blitzblaue Koboldaugen, sympathische Grübchen im Gesicht und trägt ein legeres Business-Kostüm. Normalerweise fliegt sie Economy Class, aber am Schalter teilt man ihr etwas Erfreuliches mit: Ihr Flug wurde überbucht, deshalb darf sie heute ohne Aufpreis Business Class fliegen.
> Begeisterung bei Julia: Mit stolzgeschwellter Brust schwebt sie zum Gate und lässt sich im Flugzeug ihren Platz am Gang zuweisen. Neben ihr am Fenster sitzt ein smarter Typ mit Zeitung. Er begrüßt sie mit einem freundlichen Nicken. Julia grüßt sparsam zurück. Doch als sie erkennt, neben wem sie die nächste Stunde ihres Lebens verbringen wird, bleibt ihr die Spucke weg. *Oh Gott, das ist ja George Clooney!* Ruckartig erobert Julia ihren Sitz, schnallt sich an und fixiert mit leerem Blick den Vordersitz. Eine Minute, zwei, drei …

Ein klassischer Fall von Kontaktstarre. Kein Wunder, neben einem Oscar-Gewinner sitzt Frau nicht jeden Tag. Und für Julia war Clooney der Schwarm ihrer Jugend. Ob man ihr das wohl an der Nasenspitze ansieht? Julia wird gleich noch etwas blasser im Gesicht. Doch dazu gibt es eigentlich keinen Grund: Clooney mag berühmt, charmant und attraktiv sein. Aber Gedanken lesen kann er nicht. Und selbst wenn er es könnte, würden ihn Julias Überlegungen nicht weiter überraschen. Julia starrt weiterhin angestrengt auf den Vordersitz. Dabei steht sie gerade vor der einmaligen Chance, einen ihrer Lieblingsschauspieler persönlich kennenzulernen. Oder doch nicht?

Oh nein! Was soll ich bloß sagen? Ist er das wirklich? Oder irre ich mich gerade vollkommen? Gott sei Dank, da liegt ja eine Zeitung am Platz! Her damit, und dann nichts wie die Nase hineinversenkt!
Die Zeitschrift, die Julia wahllos aufgeschlagen hat, ist die *Bunte*. Und was strahlt ihr da in Hochglanz und Farbe entgegen? »Clooney – die neusten Fotos!« Wie ertappt schlägt sie die Doppelseite mit den Fotos wieder zu und wirft einen verschämten Blick nach rechts: *Ja, das ist er! Was sucht der eigentlich alleine auf einem innerdeutschen Flug? Was mache ich eigentlich an seiner Seite? Und wie schaffe ich es bloß, eine Stunde lang mit den Polstern zu verschmelzen?*

Gerade hat sich Julia noch wie die Königin der Welt gefühlt. Neben einem berühmten Schauspieler zu sitzen, sollte ihr Hochgefühl eigentlich noch verstärken. Aber statt die Gelegenheit beim Schopf zu packen und etwas aus dieser Begegnung zu machen, liest sie Klatschzeitschriften. Die sie übrigens gar nicht interessieren. Aber weil sie jede »falsche« Bewegung vermeiden will, kann sie unmöglich in ihrer Tasche nach dem Buch kramen, das sie sich für die Reise eingesteckt hat. So kommt es, dass Julias Flug sich weitaus weniger angenehm gestaltet, als man das in der Business Class erwarten würde.

30 Minuten nach dem Start: Julia hat die *Bunte* mittlerweile schon zehnmal durchgeblättert. Ihr rechter

Arm ist dabei fast eingeschlafen. Obwohl die Arm-
lehne zwischen den Sitzen doppelt so breit ist wie in
der Economy Class, traut sie sich offenbar nicht, ihren Arm daraufzulegen.

Die Stewardess kommt vorbei und fragt nach den
Wünschen der Reisenden. *Gott sei Dank*, denkt Julia. Endlich hat sie einen Anlass, ihre Gliedmaßen
auszustrecken.

George Clooney bestellt einen Kaffee – und fragt
seine Mitreisende nach ihren Wünschen. Julia er-
starrt und heftet ihren Blick fest auf die Stewardess:
»Kaffee, bitte.«

Die Stewardess lächelt wissend, zwinkert Herrn
Clooney zu, und Julia steigt schon die Röte ins Ge-
sicht. Also schnell zurück hinter die schützenden
Seiten des Hochglanzmagazins.

Dass niemand ihr dieses Theater abnimmt, ist Julia eigentlich
klar. Aber nun hat sie einmal damit angefangen. Und mit jeder
Sekunde, in der sie nicht damit aufhört, macht sie es sich noch
schwerer, aus dem Teufelskreis auszusteigen.

*Oh Mann, ich bin so blöd ... George Clooney! Und er
hat mich nicht nur angelächelt, er hat mich sogar angesprochen. Wie ein ganz normaler Mensch, kein Stück
Starallüren! Warum habe ich bloß nicht gleich geant-
wortet?*

*Auf der anderen Seite: Er will bestimmt seine Zeitung
lesen. Und da kommt ja auch schon das Essen. Er
braucht doch sicherlich Ruhe. Filmstars haben ständig irgendwelche Leute um sich, die sie mit völlig langweiligen Fragen nerven. Außerdem sprechen Frauen*

einen fremden Mann nicht einfach an. Wobei – aber
dafür ist mein Englisch viel zu schlecht. Ach, was soll's.
Schließlich bin ich ja kein Groupie. Ich muss mich hier
nicht aufführen, nur weil ich neben George Clooney
sitze.

Während Julia Ausrede an Ausrede reiht, vergeht auch die letzte
Stunde. Ihren Sitznachbarn hat sie immer noch nicht angesprochen. Von außen betrachtet, könnte man denken, sie interes-
siere sich nicht für den Schauspieler. Aber ihre Gedanken kreisen um nichts anderes: *Tu es, nun mach schon! Du verzeihst dir*
das nie, wenn du jetzt kneifst. Denn fernab aller Star-Begeiste-
rung ist Julia auch schlicht und ergreifend neugierig. Auf Clooney als Mensch. Wie lebt so ein Superstar? Warum fliegt er auf
einem innerdeutschen Linienflug? Erstarren eigentlich viele
Menschen in seiner Gegenwart auf so vollkommen alberne Art
wie sie? Und wie lebt es sich damit, ständig wie eine Jahrmarkts-
attraktion begafft zu werden?

Kurz, Julia hätte lauter gute Gründe, ihren Sitznachbarn aus
aufrichtigem Interesse von Mensch zu Mensch in ein Gespräch
zu verwickeln. Aber sie tut es nicht. Wann immer sie kurz davor
ist, fällt ihr doch wieder eine Ausrede ein. So vergeht eine gute
Stunde Flug. Und als George sich schließlich in Frankfurt
freundlich von ihr verabschiedet – und ihr sogar noch mit dem
Gepäck hilft –, kocht Julia vor lauter Wut auf sich selbst.

Keine Frage: Einen Aussetzer zu haben, den Einstieg nicht zu
finden, ist schrecklich. Gerade in einer einmaligen Situation
wie dieser im Flugzeug. Aber oft ist es reine Kopfsache, ob man
sich traut, jemanden anzusprechen. Stellen Sie sich vor, Julia
hätte gewusst, dass neben ihr nicht Clooney persönlich sitzt,
sondern nur ein Doppelgänger. Ein Mensch wie Sie und ich.
Dann hätten Sprachbarrieren, Blackouts und sonstige Blocka-

den kaum eine Rolle gespielt. Sie hätte ihn mit ziemlicher Sicherheit angesprochen.

So kommen Sie in Kontakt

Sie möchten jemanden ansprechen und Ihnen fallen tausend Gründe ein, warum Sie es nicht tun sollten? Gratulation! Damit sind Sie schon den ersten Schritt in Richtung Kontaktaufnahme gegangen. Den zweiten lernen Sie jetzt kennen. Ich nenne ihn die Torero-Technik. Denn mit seiner Hilfe versetzen Sie, wie der Matador im Ring, Ihren Ausreden den Todesstoß.

Stellen Sie sich einen Stierkampf in der Arena vor. Würde der Torero den Stier bei den Hörnern packen und versuchen, ihn zu Boden zu drücken, wäre die Niederlage vorprogrammiert. Denn der Matador würde mit seiner eigenen Kraft gegen die des gewaltigen Tieres arbeiten. Und ein Stier wiegt nun bis zu 1,2 Tonnen. Der Torero tut etwas anderes: Er lenkt den Stier mit einem roten Tuch an seinem Körper vorbei – und wendet damit die Kraft des Stieres gegen das Tier selbst. Ein Trick, mit dem auch Sie sich ein Schnippchen schlagen können, wenn Sie sich selbst im Weg stehen.

Nutzen Sie die Kraft Ihrer Ausreden als Energie für die Anrede! Das gibt Ihnen den nötigen Schwung für eine erste Kontaktaufnahme. Wenn Sie dann noch den Gesprächseinstieg mit der gleichen Kreativität formulieren, wie Sie es mit den Ausflüchten getan haben, sind Sie eigentlich schon perfekt. Also: Lenken Sie den Angriffsschwung einfach um! Tricksen Sie Ihre Ausreden aus wie der Matador den Stier und legen Sie Ihren inneren Widerstand ad acta – nicht aber Ihre Ausreden! Denn mit der Torero-Technik verwandeln Sie Ihre hartnäckigsten Ausreden in kraftvolle und wirkungsvolle Anreden. Mit ein

bisschen Übung können Sie in jedem Augenblick Ihre ganz in-
dividuelle, zur Situation passende Anrede entwickeln.

Bei Julia und George Clooney hätte das etwa so aussehen
können: George Clooney wird bestimmt ständig angesprochen? Jetzt einfach das rote Tuch ziehen und die Ausrede umlenken: »Entschuldigen Sie, Herr Clooney, Sie werden bestimmt
ständig angesprochen. Ich mache da keine Ausnahme: Stört es
Sie, wenn ich Sie etwas frage? Dafür hätte ich volles Verständ-
nis.« Ein kleiner Scherz, über den er hoffentlich lachen kann.
Und der ihm die Option lässt, das Gespräch abzubrechen.

Ihr Englisch ist schlecht? Na dann, bitte schön: »Mr Clooney,
my Englisch is very bad. But my good will is not. Now I will ask
you ...« Klingt holprig, ist aber gar nicht so wichtig: Amerika-
nische Muttersprachler sind da in der Regel nicht so streng wie
wir Deutschen. Warum sollten sie es auch sein? Es ist doch
schön, wenn jemand neben seiner eigenen auch noch die Sprache seines Gegenübers ein wenig kennt.

Er ist mit der tollsten Frau der Welt zusammen? Egal. Sie
wollen ihn ja nicht gerade vom Fleck weg heiraten. Und seine
Frau ist schließlich gerade nicht hier – Sie aber schon: »Natürlich kenne ich Sie, aber Sie kennen mich nicht. Also, Herr Clooney: Ich bin Julia Ritter!«

Auch Trotz lässt sich schnell umlenken: »Sorry, Herr Clooney,
ich träume nicht von Ihnen und bin auch kein Groupie. Eigentlich
reise ich Economy, aber heute bin ich in die Business Class
zwangsversetzt worden. Mein Parfum trägt nicht meinen Namen,
und das hier ist auch nicht mein Privatjet. Darf ich Sie trotzdem
etwas fragen?« Das müsste dem humorvollen Schauspieler eigentlich schon ein Grinsen entlocken, meinen Sie nicht auch?

Oder Sie sind da noch ehrlicher: »Herr Clooney, ich bin
furchtbar aufgeregt und rede vermutlich nur Blödsinn. Aber wo
ich doch jetzt schon mal neben Ihnen sitze und mich auch

nicht für die nächste Stunde spontan in Luft auflösen kann: Darf ich Sie trotzdem ansprechen? Wenn nicht, werde ich nämlich platzen.« Da lacht er wahrscheinlich schon mit Ihnen. Dass Leute in seiner Gegenwart aufgeregt sind, damit kann der Superstar aus Hollywood sicher hervorragend umgehen. Das kennt er und das macht ihm vermutlich überhaupt nichts aus.

Kurz: Mit der Torero-Technik sind Sie Ihren Ausreden nicht länger wehrlos ausgeliefert. Sie nutzen deren Angriffsschwung und suchen mit diesem Kunstgriff den Kontakt, den die Ausflüchte Ihnen verwehrt haben. Und schon fällt die Gesprächsaufnahme leicht.

Klar, einen George Clooney trifft man im wahren Leben nur selten, aber die Welt ist voller interessanter Menschen: Der Monteur, dem Sie beim Einkauf im Baumarkt begegnen, der Bürgermeister auf der Stadtfeier, der Chef des direkten Vorgesetzten im Aufzug – lauter Gesprächspartner, die näher zu kennen immer wieder nützlich sein kann. Die Wasserleitung ist kaputt? Sie kennen den richtigen Mann. Ihr neues Geschäft soll schnellstmöglich eröffnet werden? Der Sympathiebonus des Bürgermeisters ist Ihnen sicher.

Bleibt nur noch die Frage, wie es auch ein kontaktscheuer Mensch schafft, spontan zu sein und sofort die passende Ausrede zu erfinden. Gut zu wissen, dass man dazu in Wahrheit gar nicht so spontan sein muss. Denn die Ausrede haben Sie schon und mit der Ausrede entsteht Ihre Anrede. Lassen Sie sich von der Situation leiten, brechen Sie das Eis und gehen Sie den ersten Schritt auf Ihr Gegenüber zu. Und dann – lassen Sie sich einfach überraschen.

Praxis-Tipp

Sie möchten jemanden ansprechen und trauen sich wieder nicht? Lassen Sie es gar nicht erst so weit kommen. Sammeln Sie bewusst Ausreden, es nicht zu tun, und überlegen Sie: Welcher Einwand aus der Liste ist der stärkste, also der, der Sie am meisten zurückhält? Und jetzt greifen Sie zur Torero-Technik und verwandeln genau diese Ausrede in eine Anrede. So liefern Sie sich selbst den Beweis, dass Sie sogar das stärkste Gegenargument besiegen können.

4. Schüchtern?

Wie Sie aus einem Manko ein dickes Plus machen

Stellen Sie sich vor, Sie stehen schon einige Minuten in der Schlange beim Bäcker. Vor Ihnen wartet ein groß gewachsener Mann, der sich schon das zweite Mal zu Ihnen umdreht. Doch statt mit ihm ins Gespräch zu kommen, nehmen Sie lieber die riesige Auswahl an Backwaren genauer unter die Lupe. Vielleicht schauen Sie sich auch die Nudeln im seitlichen Regal aufmerksam an. Als Sie endlich dran sind, sehen Sie, wie er mit seinen Brötchen unterm Arm den Laden verlässt und ins Auto einsteigt. »Ihr Elektriker in der Nähe« lesen Sie auf der Heckklappe – und Sie ärgern sich doppelt, dass Sie auf seine Versuche, in Kontakt zu kommen, nicht reagiert haben. Denn Sie haben seit Monaten Probleme mit der Herdsicherung, die immer wieder rausfliegt. Sie hätten möglicherweise zwei Fliegen mit einer Klappe schlagen können. Einen netten Menschen kennenlernen – und einen zuverlässigen Handwerker. Wenn Sie nur nicht so schüchtern gewesen wären.

Ein verpasster Kontakt, eine nicht gestellte Frage, eine heruntergeschluckte Bemerkung: Solche Situationen sind für schüchterne Menschen alltäglich. Und sie alle wissen insgeheim, dass sie sich meistens selbst im Weg stehen. Wie gern würden sie den Fremden in der Schlange ansprechen, der schon mehrmals Blickkontakt gesucht hat. Wie gern würden sie dem Chef auch einmal eine persönliche Frage stellen. Und wie sehr würde es sie befreien, wenn sie dem oder der nervigen Bekannten einmal spontan und direkt die Meinung sagen könnten!

Aber auch wenn sie sich das noch so sehr wünschen: Sie tun es nicht. Häufig trauen sie sich nicht einmal, etwas wirklich Wichtiges zu tun oder zu sagen, aus Angst, man könnte sie für einen Wichtigtuer oder einen überheblichen Egomanen halten. Bevor ihnen dieser Stempel aufgedrückt wird, halten sie also lieber den Mund – und stellen ihre eigenen Bedürfnisse zurück.

Wenn Sie sich in dieser Beschreibung wiedererkennen, dann sollten Sie jetzt aufmerksam weiterlesen. Diese Zurückhaltung kann eine Weile gut gehen, aber letztlich wirkt sie sich doch in zahlreichen Fällen verhängnisvoll aus. Bei vielen Arbeitsstellen gehört es heute einfach dazu, Kontakt aufzunehmen, ein Meeting zu leiten, eine Messe zu besuchen und Anweisungen an Kollegen weiterzugeben. Auch Angestellte müssen sich im Job gut verkaufen – doch schüchternen Menschen fällt es schwer, überhaupt etwas Positives über sich zu sagen. Wenn sie ihre Interessen durchsetzen wollen, scheitern diese Menschen meistens an ihrem ausgeprägten Mitgefühl mit den Konkurrenten. In solchen Augenblicken ist Schüchternheit ein großes Manko.

Was aber nicht bedeutet, dass zurückhaltende Menschen resig-
nieren oder sich komplett umpolen müssen. Im Gegenteil. Wer
es richtig angeht, kann seine Zurückhaltung beibehalten – und
damit dennoch groß herauskommen.

> Szene: Rund 70 Quadratmeter Vereinslokal-Idyll in
> Oberbayern. Die Bilder von Ausflügen und Preisver-
> leihungen hängen in blauen Holzrahmen an den
> Wänden. Ein großes Sideboard biegt sich unter der
> Last zahlreicher Pokale. Eine Kinder-Spielecke zeugt
> davon, dass hier auch der Nachwuchs willkommen
> ist. Auf dem Tisch stehen Wasserflaschen, Kekse und
> Kaffee.

> Es ist 17:30 Uhr, die Vorstandssitzung fängt an. Ta-
> gesordnungspunkt 1: Gemeinsame Planung des all-
> jährlichen Ausflugs zur Eröffnung der Skisaison.
> Konkret geht es um Ortswahl, Programm und Ab-
> laufplan.

Die Anwesenden sind gut vorbereitet und haben sich bereits
Gedanken zum Thema gemacht. Heute dabei sind, wie bei jeder Vorstandssitzung, Gruppenleiter Schulze, Gruppenleiter
Müller und der Kassierer des Vereins, Herr Schmidt, der den
Ausflug aus der Vereinsschatulle bezahlen muss. Müller ist eher
der zurückhaltende Typ, Schulze ein Enthusiast, der gern, viel
und ausufernd redet. So ist es auch heute. Obwohl jeder der
drei Teilnehmer mit Ideen im Gepäck zur Besprechung gekommen ist, nervt Schulze die anderen bereits seit 20 Minuten mit
seinem Monolog.

»Wir fahren dann also ins Kleinwalsertal. Ein gutes Restaurant gibt es da auch, dort treffen wir uns nach der Ankunft auf ein Bier. Das Hotel hab ich schon rausgesucht. Ein Super-Laden, angenehme Gastgeber, Sauna und Schwimmbad im Nebenhaus, zünftige Atmosphäre. Und das Essen ist ein wahres Gedicht! Eine kleine Auswahl, aber sie trifft ganz genau den Bedarf nach einem langen, anstrengenden Tag auf der Piste. Ach ja, die Routen: Wir nehmen zur Aufwärmung am besten ...«

Und so geht es immer weiter. Gruppenleiter Müller hört sich alle Vorschläge seines begeisterten Kollegen Schulze genau an, scheint diese grundsätzlich anzunehmen oder lässt sie zumindest auf sich wirken. Währenddessen scharrt Kassierer Schmidt immer unruhiger mit den Hufen. Je länger der Redebeitrag von Gruppenleiter Schulze dauert, desto ungeduldiger wird er.

Müller und Schmidt sind gekommen, um im Team einen gelungenen Start in die Saison zu gestalten. Doch statt den Ausflug mit seinen beiden Vorstandskollegen zu planen, spricht Schulze von vollendeten Tatsachen. Und merkt dabei gar nicht, dass er seine Kollegen von der Ergebnisfindung konsequent ausschließt. Doch mit dieser Einzelkämpferhaltung setzt er unbewusst seine Position aufs Spiel und redet sich, wenn es schlecht läuft, um Kopf und Kragen: Bezieht er seine Partner nicht in die Planung ein, fühlen die sich nicht ernst genommen und werden Schulze früher oder später einfach abwählen.

Doch des einen Leid ist des anderen Freud: Zurückhaltende Typen können in einer solchen Situation mühelos punkten.

Menschen wie der Gruppenleiter Müller, der bisher zwar viel nachgedacht, aber noch kein Wort gesagt hat. Ob sich Müller selbst seiner Vormachtstellung bewusst ist? Schauen wir doch einmal, was er gerade denkt:

Toll, der Schulze, so möchte ich auch sein. Der ist dynamisch, überlegt nicht so lang, da sprudeln die Ideen nur so. Was der an Projekten einfach so aus dem Boden stampft – beneidenswert!

Was mich angeht, der Kassier Schmidt wird sicher denken, wie teilnahmslos ich wieder bin. Der meint bestimmt, ich habe überhaupt kein Engagement für unseren Verein, weil ich so wenig sage. Aber ich will mich nicht so wichtig machen und muss mir erst noch meine Worte zurechtlegen.

Während Müller darüber nachdenkt, wie er auf die anderen wirkt, redet Gruppenleiter Schulze weiter wie ein Wasserfall.

Der Kollege Schulze, der ist ein echter Macher. Und ich brauche immer so lange, bis ich ins Laufen komme. Manchmal frage ich mich: Bin ich überhaupt richtig für diesen Job als Gruppenleiter? Bin ich der Aufgabe wirklich gewachsen? Wer weiß, vielleicht habe ich mein Team ja gar nicht gut im Griff, so ruhig, wie ich immer bin. Vielleicht würde jemand wie Schulze viel mehr aus den Leuten rausholen.

Dass wir uns selbst nichts zutrauen, ist das größte Problem. Wir alle haben ein Wunschbild von uns selbst. So möchten wir sein, daran messen wir uns, das ist unser Ziel. Und wir haben ein Selbstbild: So sehen wir uns, so sind wir. Stellen wir große Unterschiede zwischen Wunschbild und Selbstbild fest, ist klar, dass wir noch viel an uns arbeiten müssen. Viel interessanter wird es jedoch, wenn das Fremdbild ins Spiel kommt. Also die Einschätzung durch unsere Mitmenschen. Denn unser Selbstbild – also etwas, das uns ganz persönlich »gehört« und scheinbar nur in unserem Kopf stattfindet, hat unglaubliche Auswirkungen auf die Sichtweise anderer. Also auf das Bild, das sich wildfremde Menschen von uns machen.

Im Klartext bedeutet das: Wer sich für schüchtern hält, macht sich klein. Denn er schreibt sich diese Eigenschaften selbst zu. Das wiederum wirkt sich auf sein Verhalten aus, und *dieses Verhalten* nehmen dann auch die Mitmenschen wahr. Der Schüchterne erscheint unsicher und schwach im Auftreten. Er gilt als schnell überfordert, so als könne er mit Druck nicht umgehen. Wer sich als kontaktscheu empfindet und darunter leidet, wirkt oft, als sei er unselbstständig – obwohl er es in der Regel gar nicht ist. Zumindest nicht mehr als extrovertierte Menschen.

Doch zurück zum Beispiel aus der Praxis. Was denkt der dritte Teilnehmer, der Kassierer Schmidt, über den Gruppenleiter Schulze und dessen ausufernden Vortrag?

Der Schulze schon wieder. Immer diese Schnellschüsse aus der Hüfte, nichts ist durchdacht und nichts ist durchgerechnet. Immer soll alles nach seinem Kopf gehen, und das am besten hopplahopp. Am Ende ist er dann vermutlich wieder gar nicht dabei beim Ausflug! Und den Müller lässt er erst gar nicht zu Wort kommen – dabei hat der immer die ausgeklügeltsten Vorschläge. Denkt nach, bevor er den Mund aufmacht, nimmt Rücksicht, bezieht alle mit ein. Und hat dabei

stets auch die Finanzen im Blick. Was wäre das für eine
angenehme Zusammenarbeit, wenn sich nicht dau-
ernd jemand in den Vordergrund stellen würde! So wie
der Müller plant, sich Zeit nimmt – da weiß man doch
gleich, dass alles gut funktioniert. Ich glaube, ich erlöse
uns bald mal, damit ich auch höre, was Müller zu sa-
gen hat. Sonst kommen wir hier nie vom Fleck.

Wenn der schüchterne Gruppenleiter Müller nur hören könnte,
was Schmidt gerade denkt! Dann würde er bestimmt nicht
mehr mit seinen Ideen hinterm Berg halten. Und er würde auch
nicht mehr so sehr zu Schulze aufsehen. Aber leider kann Müller keine Gedanken lesen. Und das ist ein Problem. Denn zurückhaltend zu sein bedeutet oft, sich selbst nicht so sehen zu
können, wie andere das tun. Wer sich für schüchtern hält, sieht
nur das Mangelhafte am eigenen Verhalten. Die positiven Seiten seiner Zurückhaltung – etwa Ruhe, Kompetenz oder Acht-
samkeit – blendet er aus. Damit macht man sich selber klein,
und das leider nicht nur in der eigenen Empfindung, sondern
auch in den Augen fremder Menschen.

Zum Glück gibt es da noch die langjährigen Bekannten. Die
wissen meist, was sie an den eher ruhigen Zeitgenossen haben.
Auch Kassenwart Schmidt ist sich darüber im Klaren, warum
er Müller nach so vielen Jahren immer noch zum Gruppenleiter wählt. Schmidt hat mittlerweile deutlich mehr vom Walsertal erfahren, als er jemals wissen wollte, und greift ein:

»So, Schulze. Vielen Dank. Den Vorschlag Walsertal
hätten wir dann gehört. Weitere Ideen?«

Gruppenleiter Schulze ist aus dem Konzept gebracht
und verstummt tatsächlich, Gruppenleiter Müller

rutscht unruhig auf seinem Stuhl hin und her und schweigt. Nach einigen Sekunden Stille hat sich Schulze gefangen und ergreift erneut das Wort: »Keine Gegenvorschläge also? Prima, denn ist das Walsertal ja abgemacht.«

Zu Ihrer Beruhigung kann ich Ihnen versichern: Letzten Endes wird es Kassenwart Schmidt doch noch gelingen, das Blatt zu wenden, Müllers Vorschlag anzuhören und den Verein vor einem finanziellen Desaster mit nur geringem Freizeitwert zu bewahren. Am Ende ist sogar der redegewandte Schulze von Müllers ausgetüftelter Idee begeistert.

Was aber, wenn Schmidt nicht dabei gewesen wäre? Dann hätte Müller sich vielleicht niederreden lassen, obwohl auch er seine Zweifel an der Finanzierbarkeit des Walsertal-Ausflugs hatte. Womöglich hätte er nach Schulzes epischer Rede für seinen Vorschlag einfach keine Chance gesehen – und dann, trotz eines mulmigen Gefühls im Bauch, ohne Widerrede für eine teure Fehlplanung gestimmt.

Dabei muss man nicht vor Selbstbewusstsein strotzen, um in solchen Situationen das Ruder in die Hand zu nehmen. Das Zauberwort heißt *Offenheit*. Wer direkte Fragen stellt, kommt in der Regel weiter, als er denkt. So war ich vor einiger Zeit auf der Suche nach einer neuen Wohnung, und nachdem der Makler mir versichert hatte, dass der Vermieter meinem Wunsch nach dem Einbau eines Kamins in keinem Fall folgen würde, fragte ich den Vermieter direkt. Und der stimmte problemlos zu.

Für Müller bedeutet das, dass er Schulze einfach nur eine Frage zum Finanzplan hätte stellen müssen. Damit wäre schnell ans Licht gekommen, wie wenig durchdacht Schulzes Vorschlag war. Müller hätte so einsteigen können – und gleichzeitig den roten Teppich für seinen eigenen Vorschlag ausgerollt.

Dennoch, Zurückhaltung hat auch ihre guten Seiten: Wenn mein Gegenüber ähnlich ruhig ist wie ich, ist das Gespräch für beide Seiten angenehm und niemand fühlt sich überfordert. Manchmal umgibt den Zurückhaltenden auch ein Nimbus des Geheimnisvollen und macht ihn so besonders interessant. Und manch ein Dauerplauderer hat sich nach einer unbedachten Bemerkung sicher schon gedacht: *Au Backe, da habe ich Blödsinn geredet. Wenn ich den Mund gehalten hätte, hätte man mich für klüger gehalten.* Nichts zu sagen, kann also eine positive Neugierde auslösen.

Auch bei der Arbeit im Team sind zurückhaltende Menschen ein Gewinn. Sie poltern nicht, sie haben einen angenehmen Kommunikationsstil und sie werten ihr Gegenüber auf, weil sie ihm Raum lassen, zur Geltung zu kommen. Der Gesprächspartner fühlt sich gut und stark und empfindet dadurch den Zurückhaltenden als sympathisch und als Teamplayer. Kurz: Zurückhaltende Menschen wirken zuverlässig und vertrauenswürdig auf andere. Und das ist ein unschätzbarer Vorteil.

So kommen Sie in Kontakt

Halten Sie sich manchmal für zurückhaltend oder gar schüchtern? Wenn ja, dann gratuliere ich Ihnen dazu. Sie lesen richtig. Denn dann sind Sie nicht laut, dominant, aggressiv, arrogant, herablassend oder besserwisserisch. Sie sind weder taktlos noch vorschnell, weder anmaßend noch hektisch. Sie überfahren andere Leute nicht einfach mit Ihrer Meinung und Sie stoßen Ihre Mitmenschen auch nicht frech vor den Kopf. Das sind schon eine ganze Menge guter Eigenschaften!

Schüchterne Typen können mit ihrer Zurückhaltung punkten. Denn eine Schwäche ist nichts anderes als eine umgekehrte

Stärke. Ein gängiger Tipp bei Bewerbungstrainings lautet: »Verkaufen Sie Ihre Schwäche als Stärke.« Und das funktioniert auch mit der Schüchternheit.

Wenn Sie bei einer ersten Kontaktaufnahme eher schweigsam sind, wird Ihr Gegenüber Sie nicht für »schüchtern« halten. Sondern eher für einen guten Zuhörer, für einen angenehmen Zeitgenossen oder allerhöchstens für zurückhaltend.

Wechseln Sie einfach kurz die Seiten und sehen Sie sich selbst durch die Augen Ihrer Mitmenschen. Und hören Sie vor allem auf, sich selbst zu entmündigen. Denn wie jeder weiß und sofort sieht, stehen Sie mitnichten verschüchtert in einer Ecke, sondern üben sich in Zurückhaltung. Das ist nichts, wofür Sie sich schämen müssten, im Gegenteil. Seien Sie stolz darauf! Schließlich ist es nur eine Sache des Blickwinkels, wie wir uns selbst empfinden – und wie die anderen uns sehen.

Bleiben Sie, wie Sie sind, aber befragen Sie Ihr Umfeld, wie Sie auf andere wirken: Sie waren am Abend unterwegs und so dezent wie immer? Sprechen Sie nach der Party oder Veranstaltung einen vertrauten Freund aus Ihrer Begleitung an: »Du, ich muss dir eine Frage stellen. Klingt vielleicht blöd, ist aber wichtig für mich: Wie habe ich den ganzen Abend über gewirkt?« Falls Ihr Vertrauter Ihnen nur seine persönliche Sicht präsentiert, fragen Sie ruhig weiter: »Was denkst du, wie haben mich die anderen gesehen? Wie nehmen sie mich wahr?« So erhalten Sie eine ehrliche Einschätzung Ihrer Außenwirkung und können dann entscheiden, ob Sie immer noch glauben, schüchtern zu sein.

Praxis-Tipp

Sie arbeiten daran, Ihre Zurückhaltung abzulegen? Dann schenken Sie sich, wenn Sie mit anderen zusammensitzen, einmal ganz bewusst Ihr Getränk zuerst ein. Und wenn Sie von gemeinsamen Erfolgen berichten, nennen Sie sich ebenso bewusst als Ersten. Sagen Sie zum Beispiel Ihrer Bekannten: »*Ich* und mein Freund sind letztes Wochenende aufs Matterhorn gestiegen.« Sie werden feststellen, dass Ihre Umwelt nicht schlechter von Ihnen denkt, wenn Sie sich nur einen kurzen Moment lang in den Vordergrund stellen. Wiederholen Sie diese Übung immer mal wieder und Sie stärken so, Schritt für Schritt, Ihren selbstsicheren Auftritt.

5. So sag ich's!

Entdecken Sie Ihren natürlichen Kommunikationsstil

Bei einem meiner ersten Seminare habe ich keine gute Figur gemacht: Ich hatte von Anfang an das komische Gefühl, dass mich einer der Seminarteilnehmer nicht leiden konnte. Und dann stellte er mir auch noch eine unerwartete Frage. Ich habe nicht souverän reagiert, sondern war verunsichert und wusste keine Antwort. Das passiert natürlich jedem einmal. Auch einem Kommunikationsprofi. Aber gewurmt hat es mich trotzdem. In solchen Situationen bespreche ich mich mit Leuten, auf deren Meinung ich Wert lege. So auch diesmal. Und ich bekam einen guten, aber mysteriösen Ratschlag. »Bleib mal locker. Sei einfach ganz du selbst!«

Klingt prima, nicht wahr? Bloß konnte ich den Rat zunächst nicht umsetzen. Ich fragte mich: *Wie genau bin ich denn, wenn ich ganz ich selbst bin?* Um ehrlich zu sein, verhalte ich mich oft nicht so, wie ich es will, sondern wie andere es erwarten. Viele Dinge tue ich nur, weil ich sie tun muss. Morgens stehe ich auf und gehe zur Arbeit. Wenn das Telefon klingelt, gehe ich ran. Und wenn ich einen älteren Mann treffe, sieze ich ihn. Da bin ich nicht natürlich, sondern angepasst. An gesellschaftliche Normen, an das Gelernte, an die Etikette.

Das Gleiche gilt für die Sprache. Mit meinen Kunden rede ich zum Beispiel anders als mit meinen Freunden. Im privaten Kreis lasse ich gern meinem bayerischen Dialekt freien Lauf. Wenn es aber ums Geschäftliche geht, parliere ich in gepflegtem Hochdeutsch. Wo bin ich denn ich selbst – im Umgang mit meinen Freunden oder im Kontakt mit meinen Kunden? Wie bin ich denn, so »ganz natürlich«? Und: Verstellt sich nicht jeder in gewissem Maße, wenn er sich auf die jeweilige Situation und das jeweilige Gegenüber einstellt?

Klar, im Job agiert jeder anders als unter Freunden. Und beide Arten der Kommunikation haben ihre Berechtigung. Nur wenn Sie *Freunde* gewinnen wollen, ist es wichtig zu wissen, wie Sie »Sie selbst« sind. Nur so können Sie bei der Kontaktaufnahme authentisch bleiben – und mit dem Ratschlag »Sei du selbst« etwas anfangen.

Szene: After-Work-Party am Donnerstagabend. Gut gelaunte Berufstätige drängen sich in eine der angesagtesten Lounges der Münchner City. Der Bass der Lautsprecher durchdringt den Raum. Schwarz ge-

kleidete Kellner reichen Cocktails oder ein frisch ge-
zapftes Helles für die Herren.

Einige Besucher versuchen sich auf der Tanzfläche,
andere sitzen lässig in den Clubsesseln. Herren mit
teuren Uhren und entschlossen geschminkte Damen
mit markanten Frisuren zücken ihre neuesten iPho-
nes, informieren ihre Social Networks über ihr Whe-
reabout und lächeln so nonchalant wie die Stars einer amerikanischen Serie. Modern. Sexy. Hip. Das
könnte als Motto über der Bar stehen.

Das Wochenende ist fast schon angebrochen, die Party steigt.
Da sollte man entspannt und locker »man selbst« sein können,
oder?

Auftritt Christoph: Die Lounge ist brechend voll, als
der smarte Christoph hereinkommt. Sein Pullunder
liegt eng am Körper an, seine Krawatte erschwert
ihm in der Hitze jeden Atemzug.

Christoph bleibt einige Sekunden im Eingangsbe-
reich stehen, sieht sich zögerlich um und geht
schließlich an die Bar, um ein Getränk zu bestellen:
»Ein Co ... also ... Cockt ..., nein keine Cola, sondern ... Moment«, verhaspelt er sich und lässt dann
lieber seinem Nebenmann den Vortritt. Der scheint
ganz genau zu wissen, was er will: »Einen Cosmo,
bitte.«

Die Kellnerin dreht sich wieder zu Christoph, und
dieser wiederholt, jetzt etwas sicherer: »Cosmo. Ei-

nen, bitte.« Er seufzt erleichtert, denn er hat jetzt sicher alles richtig gemacht. Aber sein beunruhigter Blick auf die Barmixerin zeigt, dass Christoph keine Ahnung hat, was er da bestellt hat. Ob das pink leuchtende Zeug da für ihn sein soll?

»Gleich und gleich gesellt sich gern.« Nach dieser Maxime hat Christoph sein Verhalten ausgerichtet. Und hat damit den *angepassten* Kommunikationsstil gewählt. Den Cosmo hat er sich nur bestellt, um die anderen Gäste davon zu überzeugen, dass er einer von ihnen ist. Aber reicht sein Copy-and-Paste-Verhalten schon, um dazuzugehören?

Gottergeben nippt Christoph jetzt an seiner rosafarbenen Scheußlichkeit. Sein Nebenmann rührt den Cosmo in seiner Rechten gar nicht an, wirft Christoph aber amüsierte Blicke zu. Christoph sieht das als Aufforderung und spricht ihn an: »Na, wir chillen hier alle gemütlich, was?«

Er erntet einen überraschten Blick und versucht es gleich noch mal: »So ganz entspannt hier, stimmt's? Tolle Musik! Richtig groovy!« Christoph bewegt seine Hüften hin und her, verfehlt aber den Rhythmus des Songs. Sein Gegenüber beobachtet ihn mit wachsender Aufmerksamkeit und einem immer breiteren Grinsen, rührt sein rosa Getränk aber noch immer nicht an.

Ob Christoph sich wohlfühlt? Mal hören, wie ihm zumute ist:

Was gäbe ich jetzt für ein gutes Glas Rotwein. Oder
vielleicht eine feine Tasse Darjeeling, dazu ein bisschen
nette Musik und nicht dieser Krach. Was ist das eigent-
lich für ein widerliches Zeug, das ich da trinke? Eigent-
lich müsste man den Gästen Geld dafür bezahlen, dass
die so was zu sich nehmen. Das schmeckt ekelhaft!
Und diese Farbe!

So sehen Christophs eigentliche Wünsche aus – wenn er sich
natürlich verhalten würde, hätte er sich ein Glas Rotwein oder
vielleicht sogar einen Tee gegönnt. Stattdessen leidet er unter
dem ihm bis dato unbekannten Sex-and-the-City-Kultdrink und
schwingt verkrampft die Hüften. All das, um locker und unkon-
ventionell zu wirken. Wenn er sich weiterhin so bemüht, wird er
furchtbar auf die Nase fallen. Er wird dann etwa mit künstli-
chem Lächeln Witze erzählen, die nicht ankommen, und immer
wieder Plattitüden von sich geben, nur um auch mal beim Gespräch mitzumachen. Aber er kommt jetzt schon gestelzt und
überdreht rüber. Jeder Gast, der ihn beobachtet, sieht und hört,
dass Christoph sich nicht wohlfühlt. Denn sein Verhalten passt
überhaupt nicht zu ihm. Christoph will nicht »chillen«, sondern
»entspannen«. Er braucht keinen hämmernden Bass im Hinter-
grund, sondern – wenn er ehrlich ist – eine Beethoven-Sonate
oder einfach nur die Popmusik, die im Normalo-Radio läuft.
Die Stimmung in der Lounge ist ihm in Wirklichkeit viel zu auf-
geladen. Trotzdem passt er sich an. Denn er will dazugehören:

Christoph setzt das Gespräch mit seinem Nebenmann fort: »Ich bin gerade von Karlsruhe hierherge-
zogen. Ich habe jetzt einen spannenden Job in einem
großen Medienunternehmen. Ich sag dir, die sind
total hip!«

Sein Nebenmann schaut ihn einmal von oben bis unten an. »Mach dich mal locker!«, sagt er und drückt der Lady, die sich gerade an seine Seite drängt und offenbar zu ihm gehört, ihren rosafarbenen Cosmo in die Hand. Ein kurzes Kopfnicken zu Christoph, auch von der Frau ein amüsiertes Grinsen – und schon steht Christoph wieder allein an der Bar. Im Glas nur noch ein rosa Rest, im Mund ein übler Nachgeschmack. Das arrhythmische Hüftschwingen verebbt, die Schultern gleiten nach unten.

Christoph will einen neuen Freundeskreis aufbauen. Deshalb geht er zur After-Work-Party. Aber er fühlt sich hier nicht wohl, weil er die ganze Zeit in seinem angepassten Verhalten verharrt. Irgendwie sind alle anders. Er spürt, dass ihm der Schwung fehlt. Und er hemmt sich selbst, indem er die ganze Zeit nachdenkt und sich fragt: *Passt der Hüftschwung? Passe ich hier überhaupt rein? Wie könnte ich das Verhalten der anderen übernehmen?* Aus diesem Grund fällt ihm alles schwer: Es fällt ihm schwer, eine Unterhaltung länger fortzuführen. Es fällt ihm schwer, eine Beziehung zu jemandem aufzubauen. Es fällt ihm schwer, beim Kennenlernen in die Tiefe zu gehen. Trotz all seiner Mühe fühlt sich Christoph als Randfigur und unwohl in der neuen Umgebung.

Und wie denkt sein Gegenüber über ihn?

Komischer Vogel, der arbeitet bestimmt in der Buchhaltung. Mensch, ist der verkrampft. Oh, Gott ist das peinlich, wie der sich bewegt. Sieht aus, als ob er auf rohen Eiern läuft. Ich kann das nicht mit ansehen. Medienjob – eigentlich spannend. Ich arbeite ja auch in dem Bereich. Aber dieser Hüftschwung! Und dieses

*Mädelsgetränk! Also, ich weiß nicht … Was will der
bloß?*

Christophs Nebenmann würde ihn schon gern einbeziehen, er
weiß aber nicht, wie er das anstellen soll. Er kann Christoph
nur schwer einschätzen. Weil dieser sich nicht authentisch verhält, hat sein Gesprächspartner keine Möglichkeit, ihn als den
zu erkennen, der er ist. Christoph aber beschließt nach dem
Cosmo-Reinfall zu gehen. Er gehört hier einfach nicht hin. So
ist das eben. Geknickt schleicht er zur Garderobe und zurück
in seine 56-Quadratmeter-Einsamkeit.

Wie hätte sich Christoph verhalten können, um natürlich rü-
berzukommen? Einen Tee zu trinken wäre in einer Bar wie dieser in der Tat sonderbar gewesen. Aber Weine stehen mit Sicherheit auf der Getränkekarte dieses In-Lokals. Und eine solche
Bestellung war Christoph auch kurz durch den Kopf gegangen.
Wenn er nicht so sehr damit beschäftigt gewesen wäre, die
Menschen in seinem direkten Umfeld zu kopieren, hätte er
schnell gesehen, dass andere auch nicht nur modische Long-
drinks oder Cocktails zu sich nehmen. Er hätte auf sein Bauch-
gefühl hören müssen und das tun sollen, worauf er Lust und
Laune hatte. Dann wäre er ganz nah bei den Wünschen seiner
eigenen Persönlichkeit gewesen und sein Auftritt wäre wesentlich stärker gewesen.

Anders zu sein und dies auch zu leben, macht die Mitmenschen oft neugierig. Wer auf einer Business-Veranstaltung unter lauter Schlipsträgern als Einziger in Cowboystiefeln auftritt,
erntet zumindest sofort Interesse. Jeder wird sich neugierig fragen: *Was macht der eigentlich für einen Job?* So kommt man
ganz von selbst ins Gespräch und bleibt sich dabei treu.

So kommen Sie in Kontakt

Wenn Sie neue Freunde gewinnen möchten, werden Sie immer wieder mit der Situation konfrontiert sein, in bestehende Cliquen hineinzukommen – und sich dort präsentieren zu müssen. Ihre Persönlichkeit zu bewahren und nicht auf Anpassung zu schalten, ist dann das Gebot der Stunde. Denn nur, wenn Sie natürlich kommunizieren, wird Ihr Gegenüber Sie als Mensch auch ernst nehmen. Wie erkennen Sie nun aber Ihren natürlichen Kommunikationsstil?

Einfach gesagt: Wenn Sie keine Energie aufwenden müssen, um das zu tun, was Sie gerade tun – und wenn Sie so reden, wie Ihnen zumute ist. Wenn es sich so anfühlt, als seien Sie im Flow-Zustand. Flow, der Zustand, in dem alles wie von selber geht. Jede Bewegung, die Sie machen, jeder Kommentar, den Sie äußern, fällt leicht. Sie fühlen sich sicher, Sie sind locker und müssen sich nicht verbiegen. Das ist natürlich. Und zwar deshalb, weil die Persönlichkeit eines Erwachsenen zu etwa zwei Dritteln fest programmiert ist. Genau wie das Aussehen wird auch die Sprechweise, die Mimik und das Verhalten zum Teil vererbt: »Mensch, er hat genau die Art zu reden und zu gucken wie sein Großvater.« Daran können Sie nicht rütteln. Aber Sie können Ihren Grundtyp erkennen, akzeptieren und ihn ganz bewusst pflegen. Gerade wenn Sie mit anderen Menschen in Kontakt kommen wollen.

Erkennen Sie sich selbst!

Um schnell und einfach herauszufinden, was für ein Typ Sie sind, machen Sie am besten folgende Analyse. Seien Sie dabei ehrlich – denn dies ist keine Prüfung, bei der Sie durchfallen könnten. Jeder Typ hat sowohl Vor- als auch Nachteile. Diese Persönlichkeitsanalyse hilft Ihnen dabei, sich selbst besser einzuschätzen. Kreuzen Sie, ohne lange abzuwägen, an, welche Eigenschaft am ehesten auf Sie zutrifft. Schätzen Sie sich zunächst aus dem Blickwinkel Ihrer Familie und Ihres Freundes- und Bekanntenkreises ein. Danach können Sie die Analyse noch ein zweites Mal mit einer Beurteilung aus der Sicht Ihres beruflichen Umfeldes durchführen.

Dieses Analysewerkzeug hilft Ihnen auch, wenn es darum geht, andere Personen einzuschätzen.

Praxis-Tipp: Persönlichkeitsanalyse

Bitte kreuzen Sie spontan an, ohne lange zu überlegen, welche der angeführten Eigenschaften am ehesten auf die von Ihnen gewählte Person zutreffen.

Nur ein Kreuz je Zeile

Entscheiden Sie:
- ❏ Einschätzung erfolgt aus der Sicht Ihres beruflichen Umfeldes
- ❏ Einschätzung erfolgt aus der Sicht Ihres privaten Umfeldes

Typ	General	Sonny	Vermittler	Analyst
Auftreten	dominant	locker	ausgeglichen	reserviert
Körpersprache	Mimik kühl/Gestik hektisch dirigierend	impulsiv/locker/der ganze Körper	reduziert/freundliche Mimik	verschlossen/kontrolliert
Schritt	energisch/schnell	schwungvoll/lässig	ruhig/gleichmäßig	langsam/beherrscht
Blick	direkt	schweifend	abschätzend	flüchtig
Stimme	bestimmt	lebhaft	ruhig/gefühlsbetont	monoton/reserviert
Sprachstil	knappe Ansagen	frei heraus	langsam/zögernd	undurchschaubar
Zuhören	ungeduldig/unterbrechend	abschweifend/freundlich	aufmerksam/geduldig	distanziert/nachfragend
Kleidung	dezent exklusiv	modisch	unauffällig	konservativ
Beziehung	fordernd/direkt	sehr offen/kontaktfreudig	mitfühlend/freundlich	beobachtend/distanziert
Lebenseinstellung	Ich bin ein Macher	Ich bin Optimist	Es ist so, wie es ist, und das ist okay	Ich plane mein Leben
Themen	Erfolge/Siege	Gott und die Welt	Beziehungen	Fakten/Details
Kommentare über Ereignisse	auf das Wesentliche beschränkt	euphorisch/alleinunterhaltend	entspannt/mitfühlend	nüchtern/reserviert
Ängste	Zeit zu vergeuden	unbeliebt zu sein	Risiken einzugehen	Fehler zu machen
Ansprüche	Herausforderung/Nutzen/Profit	Design/Innovation/Spaß	Sicherheit/Stabilität/Harmonie	Details/Logik/Sachlichkeit
Entscheidungen	entschlossen/schnell	spontan/wechselhaft	inaktiv/besonnen	entschlossen/starr
SUMME				

Addieren Sie jetzt die Anzahl der Kreuze in den Spalten. Die Summe aller Kreuze muss 15 ergeben. Die Spalte, in der Sie die meisten Kreuze haben, beschreibt Ihre Verhaltenspriorität. Meist ist das der Typus, den wir beim »ersten Eindruck« wahrnehmen.

Aber beachten Sie bitte, dass jeder Mensch unterschiedlich ausgeprägte Persönlichkeitsanteile aller vier Typen hat. Sie erkennen dies daran, dass auch Sie mit Sicherheit Kreuze in allen Spalten gemacht haben.

Diese Analyse dient einer ersten Grobeinschätzung des privaten (natürlichen) oder beruflichen (angepassten) Persönlichkeitsstiles.

Die positiven Eigenschaften der vier Typen

General: Der General schätzt es, wenn es vorangeht und er den Kurs bestimmt. Er ist entschlossen, willensstark, zielgerichtet und risikofreudig. Anderen verlangt er einiges ab, er holt dafür auch das Maximale aus ihnen heraus.
Sonny: Der Sonny wird als unkomplizierter und kommunikativer Zeitgenosse wahrgenommen. Er kann andere Menschen mit seinem Enthusiasmus motivieren, begeistern und mitreißen. Sonnys sind offen, redegewandt und strahlen vor Optimismus.
Vermittler: Der Vermittler hält Teams oft zusammen: Er ist vertrauensvoll, mitfühlend und ermutigt andere geduldig. Außerdem hört er anderen Menschen aufmerksam zu. Er ist ausgesprochen hilfsbereit und stellt seine eigenen Interessen häufig hintan.
Analyst: Der Analyst setzt ausgeprägten Sachverstand ein.

Seine Leistung, sein Wissen wird sehr geschätzt, weil er präzise abwägt, bevor er ein Urteil fällt. Dabei geht er kontrolliert und systematisch vor, um Entscheidungen logisch zu treffen.

Die vier Typen sind ein Hilfsmittel, anhand dessen Sie sich schnell orientieren können. So verstehen wir auch Christoph besser – denn sein Gesprächspartner in der Lounge war klar ein Sonny, Christoph hingegen ist eher der Vermittlertypus, der sich anpasst, um sich wie ein Sonny zu verhalten.

6. Nur was mich berührt, kann Menschen bewegen

Wie Sie die richtigen Gesprächsanlässe finden

Gute Gespräche bleiben lange in Erinnerung. »Die Stimmung war riesig«, heißt es dann über die letzte Party mit der Clique, oder »Wir haben uns richtig gut unterhalten«. Oft sehnen wir uns Wochen und Monate später noch immer nach diesem *einen* besonderen Abend – auch wenn wir gar nicht mehr wissen, worüber wir da eigentlich gesprochen haben. Was der Auslöser war für diese gute Stimmung? Welches Thema das Gespräch eröffnete und so leicht und für alle passend war, dass jeder etwas dazu zu sagen wusste – und dem jeweils anderen auch gern zuhörte?

Neulich war ich selbst in einer solchen Situation. Wenn ich genauer darüber nachdenke, erinnere ich mich, dass die Laune stieg, als ich eine Episode aus einem meiner Seminare erzählte. Eine Teilnehmerin hatte mich mit einer sarkastischen Zwischenfrage zunächst arg in Bedrängnis gebracht. Aber zwei kleine und amüsante Pannen eingerechnet, bekam ich die Situation dann doch noch gut in den Griff. Ja, genau, so hatte das Gespräch begonnen. Und es endete als hervorragender Abend für alle, obwohl ich nichts Besonderes gemacht hatte.

Was war da passiert? Wie kann es sein, dass ich nur von mir erzählt habe und es trotzdem für alle lustig wurde? Lernt man nicht in der Schule, in den Seminaren und Kommunikationsratgebern dieser Welt, dass man sich in Gesprächen nicht in den Mittelpunkt drängen, sondern auf den anderen eingehen sollte? Ist die Empathie-Schiene hinfällig oder war mein gelungener Gesprächseinstieg eine Ausnahme von der Regel?

> Szene: Abendessen in einem noblen Kölner Restaurant. Bequeme Korbsessel im Kolonialstil lassen den großzügig geschnittenen Raum wohnlich erscheinen. Die Atmosphäre ist gediegen, die Bedienung diskret, aber stets aufmerksam.

In Restaurants wie diesem treffen sich vor allem Geschäftsleute. Sie alle mustern ihr Gegenüber und denken konzentriert über einen pfiffigen Gesprächsaufhänger nach. Denn Kompetenz ist der eine Aspekt, anhand dessen Aufträge vergeben werden. Genauso wichtig ist es aber, dass die Chemie stimmt. Und da ist ein gutes Gespräch mehr als zuträglich: Es bleibt lange in Erinnerung, es verbindet, und diese Verbindung kann im Berufsleben erstaunlich viel bewirken. Schwierig wird es allerdings, ein gutes Small-Talk-Thema zu finden, wenn man sich nicht nur auf einen, sondern auf mehrere Gesprächspartner einstellen muss. Wenn diese auch noch wenig miteinander gemein haben, steckt man als Neuankömmling schnell im Dilemma. So geht es an diesem Abend auch Ralf Tommaschek, dem Leiter der Abteilung Umwelt und Nachhaltigkeit bei einer Kölner Supermarktkette:

> Auftritt Ralf: Der 34-jährige Genussmensch steuert auf den Tisch in der Ecke zu, an dem sein etwas älterer Kollege Markus und dessen Ehefrau Viola sitzen. Die Männer reichen sich die Hand, und Ralf begrüßt Viola, die er heute zum ersten Mal trifft, mit einer angedeuteten Verbeugung.

Kaum hat Ralf Platz genommen, entspinnt sich zwischen den beiden Kollegen ein Gespräch über das Geschäftliche. Markus, der Vertriebsleiter, rollt das Thema Budget auf. Er macht einen kritischen Schwenk zu den Defiziten in der Planung der höheren Leitungsebene und plädiert schließlich für eine engere Zusammenarbeit beider Abteilungen.

Viola sitzt daneben, schaut ihren Mann an, hört zu und nickt zuweilen. Am Gespräch beteiligt sie sich äußerst dezent bis gar nicht. Lieber schielt sie zum Nachbartisch, wo sich zwei Pärchen angeregt unterhalten. Als Markus anfängt, über sein geplantes Großprojekt bezüglich der Handelsstandards auf internationalen Märkten zu erzählen, wird auch Ralf zunehmend einsilbig. Den perfekt angeordneten Fakten und Argumenten kann er bei aller Bemühung nicht viel entgegensetzen. Nach wenigen Minuten ist er verstummt.

Markus und Ralf arbeiten zusammen, und dennoch stehen sie in Konkurrenz zueinander. Das Thema Einsparungsmöglichkeiten liegt auch in ihrem Unternehmen in der Luft, und beide möchten die wichtigsten Projekte für ihre jeweilige Abteilung absichern. Schließlich hängt der Erfolg des ganzen Geschäftsbereichs davon ab, ob Markus Ralf seine Idee schmackhaft machen kann und umgekehrt. Beide könnten stundenlang über ihre Projekte referieren, schließlich beschäftigen sie sich tagaus, tagein damit. Aber die Art und Weise, *wie* sie darüber reden, ist entscheidend für den Ausgang der Verhandlung. Ob das den beiden bewusst ist? Mal schauen, wie sie auf ihr Ziel hinarbeiten:

Eine halbe Stunde später beendet Markus seinen Lagebericht samt Daten und Fakten, Statistiken, Risikokalkulation und Ausblick rund um sein Forschungsprojekt. Ralf freut sich schon, dass Markus endlich zum Schluss kommt, hört aber auch dem letzten Gedanken noch höflich zu und nickt sogar zur Bestätigung.

Das Thema ist wichtig für die Firma, Markus hat es übersichtlich aufbereitet und er ist, wie immer, fachlich absolut versiert. Aber es gibt definitiv bessere Gesprächsthemen für ein Abendessen, an dem auch die Ehefrau des Vertriebsleiters dabei ist.

Jetzt ist Ralf an der Reihe. Mal sehen, wie er die Situation meistert.

»Sinnvoll dein Projekt, Markus. Respekt! Meins ist etwas niedriger aufgehängt, aber es ist trotzdem faszinierend.«

Ralf schaut noch kurz zu Markus, stellt dann Blickkontakt zu Viola her und erst, als er die Aufmerksamkeit der beiden hat, legt er los.

»Also, passt auf: Wenn ihr das Stichwort ›Abwasser‹ hört, klingt das erst mal wie die Langeweile in Tüten. Aber habt ihr euch jemals klargemacht, dass es unter unseren Straßen – ja, auch unter eurer Wohnung – ein ganzes System aus Kanälen gibt? Die Erde unter unseren Füßen ist durchlöchert wie ein Schweizer Käse!«

»Das ist schon klar, aber daran denke ich nicht jeden Tag«, antwortet Markus.

»Da ist eine richtige unsichtbare Stadt!«, erklärt Ralf mit großen Augen. »Ich war so neugierig, wie es da unten aussieht, dass ich letzte Woche eine Führung mitgemacht habe. Das war der Wahnsinn, ehrlich. An manchen Stellen hängen sogar Kronleuchter von der Decke. Und hättet ihr gedacht, dass die Arbeiter in unserer Kanalisation kürzlich einen ganzen *Spiel-automaten* gefunden haben? Wie der da wohl reinge-kommen ist, ist eine interessante und, wie ich finde, extrem wichtige Frage.

Was glaubt ihr, wer sich um diese geheime Stadt kümmert? Das macht nicht nur die Verwaltung – das machen *wir*! Oder richtiger: Das machen wir derzeit *nicht*, weil wir so ziemlich jeden Schrott in die Entwässerungsanlagen kippen. Und genau da-rum geht es in unserem Projekt: Den Leuten diese unsichtbare Stadt zu zeigen und ihnen den Einfluss, den jeder Einzelne von uns auf die Lage da unten hat, bewusst zu machen. Sagt doch selbst: Ist so ein Projekt nicht relevanter für unsere Kunden vor Ort, als irgendeinen Windpark im Senegal zu bauen, nur weil das gerade in ist?«

»Ralf, da hast du den Nagel auf den Kopf getroffen«, pflichtet Markus ihm bei. »Außerdem passt das Thema Müllvermeidung wunderbar zu den neuen biologisch abbaubaren Verpackungen unserer Haus-marke.«

Ralf redet und redet und Markus, der bei einem Thema wie diesem normalerweise den Raum verlassen und sich draußen ein Zigarillo angezündet hätte, fragt und fragt. Er hört gern und aufmerksam zu. Denn er möchte verstehen, welche Vorteile dieses verrückte Projekt mit sich bringt. Nicht weil er es muss, sondern weil es ihn interessiert. So springen die Ideen pingpongartig von dem einen zum anderen – und unmerklich entwickelt sich ein lebendiges Gespräch zwischen Ralf und Markus.

Wie hat Ralf den Stein ins Rollen gebracht? Die Antwort könnte nicht einfacher sein: Markus hat von seinem Projekt *berichtet*. Mit brillanten Argumenten, aber sachlich und kühl. Ralf hingegen präsentiert keine bis ins letzte Detail ausgetüftelte Strategie. Er ist schlicht *begeistert* von der Idee, über die er erzählt. Und zwar so sehr, dass seine Begeisterung auch auf seinen Gesprächspartner überspringt, der jetzt Ralfs Projektidee sogar weiterspinnt.

Aber Markus und Ralf sitzen nicht allein am Tisch. Da ist auch noch Viola, Markus' Frau. Zu Beginn hat sie noch interessiert und still zugehört, in letzter Zeit schaut sie aber immer deutlicher auf die Uhr. Was Ralf nach zwei Stunden Geschäftsessen von der Ehefrau seines Kollegen denkt?

Die ist ja ein graues Mäuschen. Was für eine undankbare Rolle, hier so als schmückendes Beiwerk von Markus zu sitzen. Ist natürlich nett, Markus' Frau kennenzulernen, aber so, wie sie auf die Uhr guckt, hat sie wahrscheinlich gar keine Lust, hier zu sein. Eigentlich tut sie mir leid. Markus hat sie bestimmt überredet mitzukommen, weil er denkt, dass das für sein Standing bei mir wichtig ist. Das ist natürlich Quatsch, aber Markus ist nun mal einer von der alten Schule.

Ralf schaut Viola an, möchte ihr eine Frage stellen, aber ihm fällt keine ein.

Herrje, die ist so still, manchmal vergesse ich für ein paar Minuten, dass sie überhaupt mit am Tisch sitzt. Ich habe ja mindestens zweimal versucht, sie einzubinden, aber sie versteht vermutlich gar nicht, worüber wir reden!

Und schon hat Ralf Viola in die Vorurteilskiste 16 b gesteckt. Aber hat er wirklich recht mit seiner Einschätzung? Muss man sich mit einem Thema en détail auskennen, um mitreden zu können? Schauen Sie sich zum Beispiel die Spitzensportler an, die nach großen Matches von einer Horde Journalisten bedrängt werden, schnell noch etwas Druckens- oder Sendenswertes zu sagen. Was kommt in solchen Momenten am besten an? Weder die detaillierte Analyse des Kampfes noch die fachkundige Darlegung der zum Sieg genutzten Taktik. Was das Publikum begeistert, ist eine authentische Schilderung. Über Hoffnungen vor dem Lauf oder das Glücksgefühl nach dem Sieg. Über die Angst, Zweiter zu werden oder sogar ganz unten zu rangieren. Was uns begeistert, sind Gefühle pur. Das wissen die Sportler und brillieren damit auch vor der Kamera. Gerade nach einem erfolgreichen Spiel strahlen Sportler so viel Freude aus, dass sie förmlich auf die Zuschauer überspringt – auch wenn diese viele Hundert Kilometer entfernt vor dem Fernseher sitzen. So weit lässt sich Begeisterung senden. Aber zurück zu Viola. Nachdem sie schon mehrmals demonstrativ auf die Uhr geschaut hat, zupft sie nun ihren Mann am Ärmel und fordert ihr Recht ein:

»Wir müssen bald los, Markus. In einer Dreiviertelstunde fängt das Formel-1-Rennen an!«

Ralf sieht sie kurz erstaunt an, dann wendet er sich an Markus: »Stimmt ja, heute Abend ist der Große Preis von Singapur. Du bist also Formel-1-Fan?«

Während Ralf der Bedienung anzeigt, dass sie die Rechnung fertig machen soll, entgegnet Viola: »Nein, nein, der Formel-1-Fan bin ich!«

Ralf starrt sie irritiert an: »Echt? Ich dachte ... also: Wirklich, wie kommt das denn?«

Viola lacht. »Was eine Frau an Formel 1 interessiert, wollen Sie wissen? Also, das Tollste sind die Fahrer, die eineinhalb Stunden diesen enormen Druck aushalten müssen. Stellen Sie sich nur mal vor, Ralf, wie sie diese Boliden beschleunigen und abbremsen. Circa 200 Vollbremsungen pro Rennen mit einem Kraftaufwand von jeweils 80 Kilogramm. In den Kurven wird der Kopf wie bei einem Jetpiloten permanent belastet. Das sind bis zu 5 G. Der Nacken muss in diesem Moment etwa 40 Kilogramm Gewicht von Kopf und Helm stabilisieren. 60 Runden lang immer und immer wieder. Allein am Lenkrad sind 20 Schalter und Drehräder zu bedienen. Es gibt sogar Knöpfe und Wippen an der Rückseite des Lenkrades. Dazu die Überwachung der Anzeigen plus Informationen vom Sprechfunk. Und dabei muss man noch einen kühlen Kopf bewahren. Ich habe großen Respekt vor diesen Menschen.«

Und während Viola mit leuchtenden Augen erklärt, wer in der Fahrerwertung gerade vorne liegt und wo-

her die aktuellen Probleme von Ferrari in der Welt-
meisterschaft der Konstrukteure kommen, hängt
Ralf schon an ihren Lippen. So sehr, dass er gar nicht
merkt, dass die Bedienung schon eine ganze Weile
neben ihm steht.

Ralfs Interesse ist geweckt, und in den wenigen Minuten, die
die drei noch am Tisch verbringen, blüht Viola auf und gibt
dem Abend noch eine gute Wendung. Denn zum ersten Mal
sind alle drei am Gespräch beteiligt und fühlen sich dabei pudelwohl. Das haben die Männer Viola zu verdanken. Sie wird in
Ralfs Augen von der grauen Maus zur Klassefrau. Als der Jung-
geselle kurz darauf nach Hause fährt, beneidet er seinen Kollegen sogar um seine gute Partie.

Sie sehen: Ohne es überhaupt beabsichtigt zu haben, war Viola sofort im Gespräch. Sie brauchte nur ein Thema, für das sie
sich begeistert, und schon konnte sie in wenigen Augenblicken
einen starken Eindruck hinterlassen. Doch Viola hat quasi aus
Versehen eine spannende Unterhaltung begonnen. Sie hätte
sich auch bewusst entscheiden können, das Gespräch zu eröffnen – mit einem Thema, das sie interessiert. Diese Strategie
können auch Sie anwenden.

So kommen Sie in Kontakt

Ob auf Partys, in der Mittagspause oder in geschäftlichen Situationen: Irgendjemand muss das Eis brechen und für gute
Stimmung sorgen. Seien *Sie* die Person, die den Ton angibt! Das
beschert Ihnen nicht nur ein Erfolgserlebnis, sondern macht
Sie auf lange Sicht auch beliebt bei Ihren Freunden. Den richtigen Gesprächsanlass müssen Sie gar nicht erst suchen. Sie *ha-*

ben bereits eine ganze Menge interessanter Gesprächsthemen in petto – und kennen sich damit auch noch hervorragend aus. Denn absolut *alles*, was Sie begeistert, ist ein Anlass für ein Gespräch. Wenn Sie Ihre Leidenschaften enthusiastisch ausbreiten, präsentieren Sie sich von Ihrer vorteilhaftesten Seite. Und das ist doch genau das, was Sie möchten, oder?

Sie haben den Effekt bestimmt schon an sich selbst bemerkt: Wenn jemand begeistert von einer Sache erzählt, rücken die anderen automatisch näher zu dem Erzähler hin. Selbst bei einem scheinbar langweiligen Thema wie dem Sammeln von Briefmarken denken die Anwesenden unbewusst: *Wenn der so enthusiastisch ist, muss mehr dahinterstecken, als ich dachte!* Oder aber: *Das ist ja interessant! Wie kann man von etwas so Langweiligem so begeistert sein?* Und schon hören die anderen genau zu und lassen sich von den Feinheiten der Philatelie, von tadellosen Marken und außergewöhnlichen Sammelgebieten begeistern. Das Schöne daran ist: Das funktioniert mit jedem Thema. Als begeisterter Heimwerker können Sie vermutlich minutenlang über das Verlegen des Parkettbodens in Ihrer Wohnung sprechen. Die Freude an dem Thema, Ihre überschäumende Energie, all das bewirkt, dass die anderen Ihnen nicht nur zuhören, sondern auch Fragen stellen und mitreden. Und schon haben Sie das Gespräch eröffnet.

Das funktioniert übrigens auch nonverbal. Die Begeisterung eines Zigarrenliebhabers und die Art, wie er die Zigarre mit leuchtenden Augen selbst rollte, betastete, zuschnitt und rauchte, zog mich auf einer Veranstaltung in seinen Bann. Nach seinem Auftritt habe ich ihn angesprochen – obwohl ich persönlich fürs Rauchen wenig übrig habe. Unsere Unterhaltung war so interessant, dass ich mich hernach zu einem seiner Seminare angemeldet habe. Die Zauberformel lautet also: Wenn wir etwas von uns preisgeben, sind andere fasziniert. Damit machen wir uns einerseits verwundbar, nehmen aber andererseits unsere Gesprächspartner für uns ein. Wir zeigen etwas von uns, einen leidenschaftlichen, interessierten und sachkundigen Teil unserer Persönlichkeit – und das macht uns für andere spannend. Gerade als Gesprächspartner.

Praxis-Tipp

Sie möchten Ihre Leidenschaft als Gesprächsanlass nutzen, wissen aber noch nicht, wie Sie anfangen sollen? Legen Sie für den ersten Versuch einen Tag fest und bringen Sie das Thema, das Sie am meisten bewegt, bei jeder sich bietenden Gelegenheit an. Ob im Taxi, in der Arbeitspause oder beim Einkaufen in der Warteschlange: Suchen Sie so viele Anlässe wie möglich, um Ihr Lieblingsthema anzuschneiden. Und machen Sie sich keine Gedanken, dass Sie die  Menschen zutexten. Schließlich geht es Ihnen nur darum, einen Einstieg zu finden. Beim Thema zu bleiben, ist gar nicht Ihr Ziel.

Also: Machen Sie den ersten Schritt. Wann starten Sie?

7. Vom Zucker allein wird der Kaffee nicht süß: Rühren Sie um!

Jetzt kommen Sie in Kontakt – so finden Sie Mut

Gehören Sie zu den Menschen, die Bücher von hinten nach vorne lesen? Oder starten Sie systematisch bei Kapitel eins? Wenn Letzteres der Fall ist, haben Sie bereits Melanie auf der Stehparty und Julia neben George Clooney erlebt, Sie haben den schüchternen Gruppenleiter Müller bei der Vorstandssitzung des Skivereins durch die Augen des Kassierers Schmidt gesehen. Sie wissen jetzt, warum jeder Kontakt ein Gewinn ist, wie Sie Fremden offen begegnen und – wenn Sie möchten – diese auch ansprechen. Sie haben gelesen, wie aus Ihrer Zurückhaltung eine Stärke wird, wie Sie natürlich kommunizieren und immer die richtigen Anlässe für ein Gespräch finden. Und ich habe Ihnen Tipps an die Hand gegeben, mit denen Sie diese Gesprächstechniken ausprobieren und üben können. Aber die bittere Wahrheit ist: Der Mensch ist ein Gewohnheitstier. Und wenn er etwas weiß, heißt es noch lange nicht, dass er es auch umsetzt.

»Der Kaffee wird nicht allein vom Zucker süß, sondern vom Umrühren«, sage ich meinen Seminarteilnehmern. Und genauso ist es mit diesem Buch: Das Lesen allein bringt Sie noch nicht mit anderen in Kontakt. Wenn Sie Hunger haben, werden Sie auch nicht davon satt, dass Sie im Restaurant die Speisekarte lesen. Sie müssen selbst aktiv werden. Nur wenn Sie sich bewegen, bewegt sich Ihr Umfeld mit. Aber Vorsicht vor der

Aktionismus-Falle! Der größte Fehler, den die meisten Menschen nach der Lektüre eines Ratgebers oder dem Besuch eines Seminars begehen: Sie wollen alle Tipps auf einmal umsetzen. Und das geht gründlich schief. Denn sobald die Euphorie des Moments verpufft ist, ist der Alltag präsent. Das dringende Projekt in der Arbeit und die zahlreichen Familienverpflichtungen sind plötzlich viel wichtiger als der Versuch, neue Kontakte zu knüpfen. Und es ist ja auch bequemer, alles beim Alten zu lassen.

In meinen Seminaren treffe ich immer wieder Teilnehmer, die bei Abschluss des Lehrgangs das Blaue vom Himmel versprechen. In der Feedback-Runde versichern sie, dass sie nicht nur etwas gelernt haben, sondern dies auch umsetzen wollen. Nicht selten sagen sie am Ende des Seminars sogar: »Ab morgen setzte ich bewusst meine Körpersprache ein!« Diese Entschlossenheit freut mich natürlich, aber meine Erfahrung zeigt: Die Aufbruchsstimmung hält in aller Regel nicht lange an. Warum? Lassen Sie es mich an einem Beispiel veranschaulichen:

> Szene: Das Stadion des Fußballvereins FC Heimat in der Provinz. Auf der Tribüne des gut in Schuss gehaltenen Sportplatzes haben sich einige Dutzend Zuschauer versammelt. Sie schwenken Transparente mit dem Schriftzug ihres Vereins, feuern die Spieler an und lassen sich die gute Laune nicht einmal vom trüben Wetter verderben.

Die Bezirksliga-Fußballer des FC Heimat sind an diesem regnerischen Tag zu ihrem ersten Heimspiel aufgelaufen. Sie spielen inzwischen schon 40 Minuten, aber bisher ist noch kein einziges Tor gefallen. Für den Trainer Grund genug, langsam ungeduldig zu werden.

Auftritt Björn: Der 42-Jährige zieht sich die Kapuze über den Kopf, macht ein paar entschlossene Schritte über die weiße Linie hinaus aufs Spielfeld und gibt seiner Mannschaft aufgeregte Handzeichen.

Björn arbeitet eigentlich in einer Bank, früher war er aber selbst aktiver Fußballer. Nach einer längeren Spielpause hat er nun ehrenamtlich das Training des FC Heimat übernommen. Die Genauigkeit, die er in seinem Job an den Tag legt, hat der ehrgeizige Controller auch bei seinem Hobby eingesetzt – indem er rechtzeitig seine Hausaufgaben gemacht hat. Mithilfe von Cheftrainer Michael hat er sich lange vor dem Match mit jedem einzelnen Spieler und seinem Verhalten im Team vertraut gemacht. Durch eine gründliche Analyse hat er herausgefunden, wo es beim FC Heimat hapert, und ist die kritischen Punkte mit seinen Spielern mehrmals durchgegangen. Warum sie jetzt nicht in der Lage sind, Schlüsse daraus zu ziehen und ihr Spiel zu ändern – an diesem Punkt ist Björn restlos überfragt.

Der Pausenpfiff ertönt, die erste Spielzeit ist um und Björn kann endlich seiner Unzufriedenheit Luft machen. Er trommelt die Mannschaft zusammen und spricht ein Machtwort:

»Ihr müsst offensiver werden!«, schreit er in die Runde und hofft, mit seiner Anfeuerung die Spieler anzustacheln. Er schaut sie alle der Reihe nach an, und die Spieler nicken alle der Reihe nach zustimmend. *Ja, ja, der hat recht*, denken sie sich, während Björn sie immer noch fixiert. Und als sie dann geknickt auf der Umkleidebank sitzen, flüstert der

Mittelstürmer der Sturmspitze zu: »Wenn wir wieder so wenige Tore schießen wie in der letzten Saison, können wir das mit der Landesliga echt vergessen.«

Im Grunde weiß das Team schon, dass es nur erfolgreich sein wird, wenn es seine Taktik ändert. Dass sie mehr Energie aufs Spielfeld bringen und offensiver werden müssen, ist den Spielern vollkommen klar. Auszusprechen, was schiefläuft, ist der erste Schritt zur Veränderung. Das ist jedem Einzelnen im Team bewusst! Aber Weisheiten sind letztendlich graue Theorie. Schwierig ist der nächste Schritt, der darin besteht, das Verhalten *konkret* zu verändern. Sehen wir uns die zweite Halbzeit im Spiel des FC Heimat einmal genauer an:

Fest entschlossen traben die Spieler aufs Feld, der Pfiff ertönt und es passiert ... leider nicht allzu viel Neues. Die Spieler laufen zwar schneller, aber selbst der treueste Fan merkt, dass seine Mannschaft nicht so recht weiß, wohin es eigentlich gehen soll. Klar: grob in die Richtung des gegnerischen Tors. Und das mit viel Kraft und gutem Willen. Doch obwohl jeder sein Bestes gibt, läuft die Mannschaft als Ganzes wie aufgescheucht über den Platz. Die Orientierung fehlt, es steht immer noch 0:0, und das gegen eine der schwächsten Mannschaften aus der Bezirksliga.

In der Verlängerungspause sinkt die Stimmung auf den Gefrierpunkt. Björn reißt der Geduldsfaden: »Mensch, ich hab doch gesagt, ihr sollt *offensiver* werden. Alle haben genickt und ›Ja, ja‹ gesagt, und was passiert auf dem Spielfeld? Ihr greift nicht an, sondern powert euch nur sinnlos aus.«

Wer die Mannschaft kennt, der weiß auch, wo das Problem liegt: Der FC Heimat spielt schon viele Jahre in der gleichen Zusammensetzung, mit der gleichen Aufstellung und mit der gleichen Taktik. Dass sich in einer solchen Konstellation Gewohnheiten herausbilden, ist unumstritten. Viele kleine Elemente und Verhaltensweisen spielen hier zusammen und führen zu dem bekannten Ergebnis: Der Verein agiert nicht offensiv genug. Was ich damit sagen will: Das Problem auf den Punkt zu bringen, so wie Björn es gemacht hat, ist wichtig. Um den Missstand aber anzugehen und das Verhalten der Spieler zu verändern, ist ein weiterer Schritt notwendig. Es nützt ja auch nichts, einem Baby zu sagen: »Jetzt lauf doch endlich mal los!« Auf dem Weg gibt es viele kleinere Hürden zu nehmen. Das weiß auch Cheftrainer Michael, der Björn schließlich mitten in seine Standpauke hineingrätscht:

»Entschuldigung Björn, ich würde gern ein paar Tipps an die Jungs loswerden.«

»Bitte«, erwidert Björn, der mit seinem Latein ohnehin am Ende ist.

»Tom«, ruft Michael, »geh bei den Eckbällen gegen uns nicht mit nach hinten, sondern bleib am Mittelkreis. Die Gegner können vor unserem Tor nicht viel, die Nummer 6 von denen ist der Einzige, der Ecken treten kann, und er zielt immer auf den kurzen Pfosten. Arne, wenn die gegnerische Ecke kommt, schlägst du den Ball so schnell du kannst weit raus, möglichst zum Mittelkreis, wo der Tom wartet.«

Alle Spieler nicken.

»Wenn ihr nach vorn spielt, wartet ihr, bis ihr angegriffen werdet. Dann spielt ihr ab, nicht vorher. Und keine Sorge, wenn ihr mal zurückspielen müsst, ihr seid doch technisch ohnehin besser als die. Im Zweifelsfall, wenn mehrere Mannschaftskameraden einigermaßen frei stehen, spielt ihr auf Tom und Frank, die sind schneller als ihre Gegenspieler. Capito?«

Alle nicken und nehmen daraufhin gezielt ihren Platz auf dem Spielfeld ein.

Dieses Mal bewegt sich auch etwas. Der FC Heimat gewinnt das Spiel in der Verlängerung mit 2:0. Warum die Offensive auf einmal funktioniert? Nun, Trainer Björn hatte seinem Team nahegelegt, offensiver zu spielen. Das war zwar richtig, aber so recht er auch hatte: Sein Ratschlag war so allgemein, dass die Spieler ihn schlicht nicht umsetzen konnten. Die Bezirksliga-Kicker ziehen schon lange an einem Strang. Es ist ihnen klar, dass sie Tore schießen müssen. Die Frage für sie ist eher, *wie* sie dahin kommen. Und da hat Cheftrainer Michael mit nur zwei konkreten Tipps mehr ausgelöst als Björn mit seiner ganzen Fehleranalyse. Er hat situationsbezogene Handlungsanweisungen erteilt, und prompt konnten die Spieler seine Ratschläge umsetzen.

Cheftrainer Michaels Trick? Er hat Björns pauschale Empfehlung durch konkrete Anweisungen ersetzt. Er hat das große Paket »Offensive« in Einzelschritte zerlegt und den Spielern ganz deutlich gezeigt, wie eine offensive Taktik in ihrem Fall aussehen kann. Damit war das Spiel quasi schon entschieden. Denn der Erfolg kommt nicht aus der Theorie, sondern immer aus der Praxis.

So kommen Sie in Kontakt

Erinnern Sie sich an den Seminarteilnehmer, der »ab morgen seine Körpersprache ändern« wollte? Wenige Tage nach der besagten Feedback-Runde ist er in der Stadt zu sehen. Er schien gehetzt, verschwand mit gesenkten Schultern in Richtung U-Bahnsteig und wirkte, als hätte er sich über seine Haltung noch nie Gedanken gemacht. Warum ich Ihnen das erzähle? Weil ich Ihnen eine Sache ans Herz lege: Wenn Sie von Tipps profitieren wollen, dann machen Sie kleine Schritte. Überfordern Sie sich nicht und setzen Sie sich nicht unnötig unter Druck. Veränderungen müssen Spaß machen, sonst haben Sie keinen Bestand! Wenn Sie ab diesem Augenblick anfangen, zumindest auf Ihre Körpersprache zu *achten*, dann ist das schon ein großer, fürs Erste völlig ausreichender Schritt.

Setzen Sie sich Ihre eigenen Ziele! Und denken Sie daran: Sie können sie nur erreichen, wenn Sie sie richtig formulieren. Greifen Sie dazu zur 4-W-Formel:

❭ **Warum** tun Sie das? Um einen Vorteil davon zu haben, natürlich. Menschen ändern ihr Verhalten nur, wenn sie darin einen Nutzen sehen. Umgemünzt auf Ihr Ziel bedeutet das: Formulieren Sie das Ziel so, dass es für Sie interessant und attraktiv ist.

❭ **Wie** soll Ihr Ziel sein? Realistisch und konkret. Zehn Leute an einem Abend anzusprechen, ist ein Vorhaben für Superman. Für Menschen wie Sie und ich ist dieses Ziel schlicht nicht realistisch – und deshalb auch nicht erreichbar.

Sie möchten »versuchen, ab morgen mehr Menschen anzusprechen«? Gut für Sie, aber schlecht für Ihre Erfolgsbilanz. Denn dieser Plan ist von Beginn an zum Scheitern verurteilt. »Ich möchte abnehmen«, »Ich bemühe mich, mit dem Rauchen aufzuhören«, »Ich versuche, mehr Sport zu machen«: Solche Formulierungen kommen Ihnen sicher bekannt vor! Genauso bekannt wie die Resultate. Nichts passiert. Denn wenn Sie etwas nur »versuchen«, teilen Sie Ihrem Unterbewusstsein schon mit: *Das werde ich niemals schaffen*. Ist Ihr Ziel zu allgemein, bleibt es bei der guten Absicht. Sie wollen sich verändern, wissen aber nicht, *wie*. Wenn Sie Ihre Ziele dagegen präzise formulieren, ist der Weg dahin schon in der Formulierung enthalten.

❱ **Woran** können Sie erkennen, dass Sie das Ziel erreicht haben? Diese Frage sollten Sie sich immer stellen, egal, was Sie sich vornehmen. Denn Sie können den Erfolg nur messen, wenn Sie in Ihre Zielformulierung überprüfbare Kriterien einbauen. Schwammige Begriffe wie »mehr«, »öfter«, »besser« oder »möglichst viele« lassen Sie weg und nehmen sich stattdessen vor: »Am Samstag werde ich zur Übung zwei Personen von meiner Schwäche für Roquefort-Käse erzählen. Als Erstes dem Käsehändler beim Einkauf auf dem Markt. Anschließend dem Bäcker, dem ich sage, warum diese eine Brotsorte so gut mit meinem geliebten Roquefort harmoniert.«
Starten Sie mit wenigen, kleinen Schritten. Haben Sie diese erfolgreich umgesetzt, erhöhen Sie die Dosis. So bringen Sie die Motivation auf, um konsequent dranzubleiben und immer größere Erfolge zu feiern.

❱ **Wann** wollen Sie Ihr Ziel erreicht haben? Zu jedem Erfolg gehört auch die zeitliche Dimension. Deshalb sollten Sie sich für jedes Ziel einen Termin setzen, also eine Frist, in der Sie es erreichen wollen. »*Künftig* mehrere Menschen ansprechen« ist ein gut gemeintes, aber kein gut gesetztes Ziel. Denn ohne eine klare Deadline lässt sich der einfachste Vorsatz unendlich verschieben. Sagen Sie aber: »Ich werde *Dienstag in der*

Mittagspause zwei neue Kollegen ansprechen, um meinen Bekanntenkreis zu erweitern«, schlagen Sie gleich zwei Fliegen mit einer Klappe. Dienstagabend können Sie schon eine Flasche Sekt aufmachen, wenn Sie Ihr Ziel erreicht haben. Und indem Sie die Durchführung auf einen bestimmten Termin legen, begrenzen Sie den Zeitraum, in dem Ihr Unterbewusstsein fürchtet, Schmerz wegen Misserfolg zu erleiden. Die Aussicht, nur eine Stunde über seinen eigenen Schatten springen zu müssen, ist wesentlich angenehmer, als sich den ganzen Tag unwohl zu fühlen.

Schieben Sie den Termin nicht in die Ferne! Die 72-Stunden-Regel* besagt: Nur wenn Sie innerhalb von drei Tagen mit der Umsetzung anfangen, hat Ihr Vorhaben Aussicht auf Erfolg.

Wenn Sie Ihr Ziel präzise nach der 4-W-Methode formulieren und dies auch schriftlich fixieren, steigt mit jedem neuen Vorsatz die Aussicht auf ein Erfolgserlebnis. Denn klar definierte Vorhaben lassen sich leichter erreichen. Und je öfter Ihnen ein Erfolg gelingt, desto besser verankert sich das in Ihrem Unterbewusstsein. Am Ende erfolgt die Kontaktaufnahme intuitiv, ganz mühelos und ohne Energieaufwand.

Und wie lautet Ihr Ziel für heute?

Praxis-Tipp

Sie wissen jetzt, wie Sie leichter auf andere zugehen, und wollen die Ratschläge aus diesem Buch ausprobieren? Ihre Motivation freut mich! Aber Vorsicht: Versuchen Sie nicht, alle Tipps gleichzeitig umzusetzen. Nehmen Sie sich zu-

---

*   Diese Regel wird zumeist auf den österreichisch-amerikanischen Autor Peter Drucker zurückgeführt.

nächst nur *eine* bestimmte Sache vor, die Sie ändern möchten. Hapert es an der Kontaktaufnahme? Bereitet es Ihnen Kopfschmerzen, den richtigen Gesprächsanlass zu finden? Oder möchten Sie zunächst Ihre skeptische Haltung gegenüber Unbekannten ändern? Wählen Sie zunächst *das* Thema, das Ihnen am wichtigsten ist. Und dann legen Sie los!

Experimentieren Sie mit den Tipps, improvisieren Sie, feiern Sie Ihre Erfolgserlebnisse und nutzen Sie Fehler, um daraus zu lernen. Vor allem: Bleiben Sie dran. Erst wenn Sie die neuen Verhaltensweisen intuitiv beherrschen, gehen Sie zum nächsten Etappenziel über. So kommen Sie langsam, aber dafür garantiert und mit Freude ans Ziel.

TEIL 2:

IN KONTAKT SEIN

Erfolgreich kommunizieren – das Prinzip des Perspektivenwechsels

1. Präsenz ab der ersten Sekunde

Wie Sie sofort Aufmerksamkeit bekommen

Manchmal erlebe ich beim Einkaufen, dass ein anderer bedient wird, obwohl ich selbst an der Reihe bin. Ein kurzer Moment gedanklicher Abwesenheit, und schon bin ich für die Verkäuferin unsichtbar. *Unfair*, denke ich dann und ärgere mich für einen Moment. Aber der Frau an der Theke kann ich es trotzdem nicht übel nehmen. Wenn der eine Kunde sie erwartungsvoll anschaut, während ein zweiter an etwas ganz anderes denkt, ist es sonnenklar, an wen sie sich zuerst wendet.

Wer gedanklich anderswo ist, hat es schwer, Aufmerksamkeit zu bekommen. Vielleicht haben auch Sie schon erlebt, dass jemand beim allgemeinen Aufbruch vergessen wurde. Die Kollegin aus dem Nebenzimmer raucht draußen im Hof eine Zigarette? Wenn sie eine graue Maus ist, wird die ganze Bande ohne sie zum Mittagessen losziehen. Und keinem wird auffallen, dass jemand fehlt. Ist die Raucherin aber zufällig die Animateurin der Gruppe, bekommt sie schon frühmorgens eine Einladung zum Lunch. Ist sie zur verabredeten Zeit nicht da, suchen die Kollegen sie selbst in den entlegensten Ecken. Denn wer eine starke Ausstrahlung hat, ist präsent – selbst wenn er gerade nicht da ist.

Aber wie erreichen Sie Präsenz ab der ersten Minute? Schaffen das nicht nur die Geselligen, die oft auch noch Spaßvögel sind? Die Dominanten, die mit der lauten Stimme oder diejenigen mit dem gewissen Etwas? Richtig, all diese Eigenschaften sind hilfreich, wenn Sie Aufmerksamkeit bekommen wollen. Aber ein lautes Auftreten ist nicht in jedem Fall positiv. Alleinunterhalter mögen es zunächst leichter haben, die Aufmerksamkeit ihrer Mitmenschen zu erlangen. Ob sie mit ihrer Redseligkeit jedoch dauerhaft in Kontakt bleiben, ist eine andere Frage. Das Gleiche gilt für das Äußere. Auf dem Cover einer Hochglanzzeitschrift sehen glatte Gesichter anziehend aus. Ein faltiger Woody Allen ist auf Fotos vielleicht weniger attraktiv, aber wenn er einen Raum betritt, zieht er trotzdem alle Aufmerksamkeit auf sich.

Machen Sie sich deshalb klar: Sie müssen kein Showmaster sein, um im Mittelpunkt zu stehen, und kein Model, um beachtet zu werden. Präsenz ab der ersten Sekunde kann jeder erreichen – wenn er nur weiß, wie er es anstellen muss. Das zeigt das Beispiel dieses ganz normalen Pärchens in einem Hamburger Vorort:

Szene: Der Vorgarten eines Mehrfamilienhauses an einem lauen Sommerabend. Der große Umzugswagen, der den ganzen Nachmittag vor der Tür gestanden hatte, fährt ab.

Auftritt Sven Wiesmann: Der verschwitzte Mittvierziger legt die Hände auf die Hüften und atmet einmal tief durch. Mit seiner Frau Gaby ist er heute in eine der Wohnungen eingezogen. »Jetzt können wir endlich unter die Dusche gehen«, sagt Sven erleichtert. Doch während die beiden Hand in Hand zurück zum Haus gehen, kommen ihnen zwei ihrer neuen Nachbarn entgegen, offensichtlich auch ein Ehepaar. Man reicht sich die Hand, macht ein paar allgemeine Bemerkungen – und plötzlich entsteht eine kurze Pause, in der anscheinend keiner mehr etwas zu sagen weiß.

Sven ist Reporter bei einer Lokalzeitung. Bei der Arbeit führt er täglich mehrere Interviews und sorgt mit seiner humorvollen Art auch im Büro für Lockerheit. Doch heute scheint ihn sein Kommunikationstalent verlassen zu haben. Außer seinem Namen hat er noch kein einziges Wort gesagt. Stattdessen fixiert er das lächelnde Pärchen und überlegt, welche Frage er ihnen stellen könnte. Und während er die Hände immer tiefer in die Hosentaschen vergräbt, schießen dem müden Journalisten tausend Gedanken durch den Kopf:

Oh je, jetzt machen wir einen ganz schlechten Eindruck. Wir stehen da und schweigen, unsere Nachbarn werden uns für echte Langweiler halten. Ich muss unbedingt schnell mit der Sprache rausrücken! Aber was soll ich denn sagen? Was wird dieser Stephan Ungerer wohl für ein Mensch sein? Gaby und ich könnten schon jemanden brauchen, der die Katze füttert, wenn wir diesen Winter in den Urlaub fahren. Aber ob die beiden die Richtigen dafür sind, weiß ich nicht.

Sven lässt die Schultern immer weiter nach vorne fallen, seine Stirn furcht sich mit jedem neuen Gedanken mehr.

Ach, was sollen die ganzen Zweifel? Ich muss doch mit denen zurechtkommen. Gute Nachbarschaft, die ist mir wichtig, und dazu gehört, dass man sich gut unterhält und einander sympathisch ist. Aber ob die uns sympathisch finden werden, nach diesem Auftritt? Der erste Eindruck ist doch entscheidend. Was mache ich denn bloß?

Nicht genug, dass Sven körperlich am Ende ist vom Kistenschleppen, mit seinen Sorgen macht er sich auch noch innerlich verrückt. So, wie es zu seinem Job gehört, das Vertrauen seiner Interviewpartner zu gewinnen, fühlt er sich jetzt dafür zuständig, einen guten Draht zu den neuen Nachbarn herzustellen. Zumal sie die Wohnung nicht nur gemietet, sondern gekauft haben. Doch während er sich den Kopf zerbricht, macht Gaby einen Schritt nach hinten, schaut auf das Gartenstück rund um ihre neue Terrasse und ergreift das Wort:

> »Sagen Sie mal, Frau Ungerer, wir sind erst heute Morgen angekommen und hatten uns die Wohnung davor im März angeschaut. Da war hier noch kaum Bewuchs, aber jetzt bin ich unglücklich über dieses ganze Unkraut im Garten. Wie ist das denn bei Ihnen? Was machen Sie, damit nicht alles zuwächst?«

Ohne lange zu überlegen, hat Gaby ein Gesprächsthema gewählt, das genau vor ihren Augen lag: den gemeinsamen Garten. Einfallslos, meinen Sie? Schauen Sie mal, was sie damit bewirkt:

> »Frau Wiesmann, Sie haben den Finger in die Wunde gelegt! Das ist Giersch, ein hartnäckiges Wildkraut. Seit Jahren schon macht es uns das Leben schwer. Wenn man einige Tage nicht aufpasst, ist der ganze Garten überwuchert. Stephan, dazu kannst du doch mehr erzählen! Mein Mann ist Biologe und er hat

sich da gut eingelesen, nicht wahr, Schatz?« Seine
Frau Karin wirft ihm vielsagende Blicke zu – und ihr
Mann strahlt schon:

»Kommen Sie doch am besten morgen rüber zum
Kaffee. Wenn ich anfange, über Pflanzen zu reden,
kann es sein, dass ich schwer zu bremsen bin – und
Sie wollen jetzt sicher erst mal ankommen, oder?«

Dass die Ungerers einen grünen Daumen haben, ist ein glücklicher Zufall. Aber selbst wenn sie fürs Gärtnern nichts übrig
gehabt hätten, wäre Gaby trotzdem schon im Gespräch. Weil
sie mit ihrer Frage Emotionen gezeigt hat. Erinnern Sie sich an
Melanie aus dem zweiten Kapitel? Bei der Frage, mit welcher
Haltung sie auf andere Menschen zugeht, spielten Lust und
Schmerz eine entscheidende Rolle. Denn das sind die Motivati-
onsfaktoren, die uns Menschen antreiben – und somit auch ein
mächtiges rhetorisches Werkzeug. Gaby hat das intuitiv erkannt und genutzt. Mit ihrer Bemerkung über das Unkraut
war sie sofort präsent. Und hat auch schon eine erste gemeinsame Leidenschaft entdeckt. Dabei hat sie lediglich ihrem Ärger Luft gemacht. Und wie es aussieht, wollen ihr die Geschichten gar nicht mehr ausgehen.

»Oh ja, ein bisschen Ruhe wird uns nach all dem
Theater guttun. Eigentlich wollten wir schon letzte
Woche umziehen, aber wir haben komplett unter-
schätzt, wie viel Zeug wir haben. Das mit dem Kis-
tenpacken ist uns diesmal arg danebengegangen, wir
mussten den ersten Termin bei der Umzugsfirma
absagen. Das war uns vielleicht unangenehm! Gott
sei Dank waren die kooperativ, sie haben wohl öfter

mit dem Problem zu tun. Ein Glück war auch Svens
Bruder, der zuletzt beim Packen geholfen hat.«

Auch mit dieser Geschichte ist Gaby die Aufmerksamkeit der
Ungerers sicher. Und sie hat sie sogar dazu gebracht, ihre eigenen Abenteuer zum Besten zu geben:

>»Oh je, wir haben da auch unser Lehrgeld gezahlt. Bei
unserem ersten gemeinsamen Umzug ist Stephans
Jugendstil-Spiegel kaputtgegangen. Drei Stockwerke
haben wir das schwere Ding hochgewuchtet, und auf
der allerletzten Stufe ist mein Fuß weggerutscht und
der Spiegel ist auf den Boden gekracht. Der Spiegel-
rahmen hat auch noch die Treppenstufe zerschlagen,
aber das war unterm Strich noch das kleinere Übel.
Das lief zum Glück über die Versicherung. Aber das
Erbstück von Stephans Oma war nicht mehr zu retten. Ehrlich gesagt knabbere ich heute noch daran.«

»Ach komm«, fällt ihr Stephan ins Wort. »Wir haben
doch daraus gelernt! Ab dem Moment haben wir nie
wieder selber geschleppt, und mit den Umzugsfir-
men lief alles wie am Schnürchen. Die Möbelpacker
sind gekommen, wir mussten wirklich *nichts* tun. An
einem einzigen Tag haben sie unsere Sachen trans-
portiert, und als wir hinterherkamen, waren die
Schränke schon aufgebaut und alles am Platz. Das
war eine wahre Wonne!«

Mit zwei kurzen Bemerkungen hat Gaby eine ganze Welle er-
greifender Geschichten losgetreten. Denn das, was man gibt,
bekommt man auch zurück. Und schon nach wenigen Minu-

ten sind die Ungerers überglücklich, derart aufgeschlossene neue Nachbarn bekommen zu haben.

Und Sven? Der kommt aus dem Staunen nicht mehr raus. Dass seine Frau so locker drauflosredet und die Nachbarn so gut ins Gespräch einbindet – Sven ist beeindruckt. Und seine neuen Nachbarn auch. Dabei ist Gabys Trick kein Geheimnis. Sie hat nur eine Geschichte mit Lust oder Schmerz erzählt – und schon kam Leben in die Sache!

So kommen Sie in Kontakt

Beim Kunden- oder Bewerbungsgespräch, unter Kollegen, Freunden oder bei der ersten Begegnung mit den neuen Nachbarn – immer wieder werden Sie Situationen erleben, in denen Sie von Anfang an präsent sein wollen. Wenn Sie sich dann fragen, was Sie tun müssen, um sofort Aufmerksamkeit zu bekommen, denken Sie an Musicals wie »Phantom der Oper« oder an Theaterstücke wie Goethes »Faust« oder Schillers »Räuber«. Warum werden sie nach 20, 30 oder sogar mehr als 200 Jahren immer noch aufgeführt? Genau: weil sie starke Gefühle auslösen und das Publikum mitreißen. Wenn schon die Generationen vor uns das konnten, warum sollte es nicht auch Ihnen gelingen? Die Prinzipien dahinter haben sich schließlich keinen Deut geändert.

Sie möchten sofort die Aufmerksamkeit einer neuen Kollegin gewinnen? Erzählen Sie eine Geschichte, die an ihr Mitgefühl appelliert. Was sie nicht kaltlässt, wird sie auf jeden Fall berühren. Ob Ihre Meinung sich mit der Ansicht Ihres Gesprächspartners deckt, ist dabei gar nicht so wichtig. Hauptsache, Ihre Geschichte löst Emotionen aus. Sie erinnern sich: Schmerz oder Lustgewinn, denn damit erzeugen Sie Gefühle und bleiben bei der Kollegin im Gedächtnis. Lassen Sie dabei Floskeln weg und kommen Sie gleich zur Sache.

Wenn Sie auf Nummer sicher gehen wollen, halten Sie sich an persönliche Erlebnisse. Denn *Ihr* Schmerz und *Ihre* Freude kommen beim Gegenüber viel klarer an als eine Geschichte, die Sie von jemand anderem kennen. Sind Sie einmal nicht so geistesgegenwärtig, stellen Sie einfach Fragen, die auf emotionale Erlebnisse Ihres Gegenübers abzielen. Das ist sogar doppelt elegant. Denn so zeigen Sie Präsenz und bringen gleichzeitig Ihren Gesprächspartner zum Reden. Sie sind gerade neu eingezogen und haben in der Garage Ihres Nachbarn einen Oldtimer entdeckt? Sprechen Sie ihn darauf an! Dann haben Sie seine erste Geschichte schon sicher.

Praxis-Tipp

Sie haben Bedenken, dass Ihnen Geschichten mit Lust und Schmerz nicht spontan einfallen? Machen Sie es wie Gaby, thematisieren Sie einfach die Situation, in der Sie sich gerade befinden! Bei den neuen Nachbarn sprechen Sie über den Umzug oder das Haus. In der Theaterpause sagen Sie Ihre Meinung über das Stück oder über die Inszenierung. In den allermeisten Fällen sind das die Themen, die auch Ihrem Gegenüber im Kopf herumgehen. Auch wenn keiner etwas sagt. Hat die Vorstellung Sie beeindruckt? Oder finden Sie, den Abend und das teure Ticket hätten Sie sich sparen können? Sprechen Sie ruhig aus, was Ihnen auf dem Herzen liegt. Auch wenn es polarisiert: Ihre Meinung wird niemanden kaltlassen. Die Aufmerksamkeit Ihrer Gesprächspartner ist Ihnen damit gewiss!

2. Gemeinsame Verbindungen verbinden
Wofür sich Menschen interessieren

Stellen Sie sich vor, Sie möchten eine entfernte Bekannte näher kennenlernen. Sie verabreden sich zum Essen, doch wenn Sie mit ihr am Tisch sitzen, scheint eine Wand zwischen Ihnen zu stehen. Weil sie deutlich jünger ist als Sie. Weil sie sich vollkommen anders kleidet und benimmt. Und weil sie schlicht den Eindruck erweckt, als würde sie in einer anderen Welt leben. Sie denken sich dann vielleicht: *Wir sind nicht auf derselben Wellenlänge.* Oder: *So unterschiedlich, wie wir sind, werden wir wohl nie zueinanderfinden.* Stellt sich dann aber heraus, dass Sie in ähnlichen Bereichen arbeiten, dass Sie auf dieselbe Schule gegangen sind oder dass Sie eine ungewöhnliche Leidenschaft teilen, dann sehen Sie diese Person plötzlich mit anderen Augen. Und spüren eine starke Verbindung zu ihr.

Wenn Sie diese Erkenntnis schon einmal hatten, wissen Sie bestimmt: Der erste Eindruck ist nicht alles. Möchten Sie in Kontakt kommen, gehen Sie deshalb bewusst auf die Suche nach Gemeinsamkeiten! Die Begeisterung für eine Musikband, die Mitgliedschaft in einem bestimmten Verein oder allein die Tatsache, an einem so ungewöhnlichen Ort wie Sibirien Urlaub gemacht zu haben, sind mehr als nur spannende Gesprächsthemen. Wenn zwei Menschen Gemeinsamkeiten teilen, rücken sie automatisch näher zusammen. Ganz ohne langwierige Vorstellung und stundenlanges Kennenlernen.

»Gleich und Gleich gesellt sich gern«, weiß schon der Volks-
mund. Das ist übrigens auch das Prinzip, nach dem Gemein-
schaften funktionieren. Nicht umsonst sind Jugendliche oft-
mals fast identisch gekleidet, haben ein ähnliches Hairstyling,
trinken die gleichen Modedrinks, schauen dieselben Filme und
hören die gleichen Beats. Sie haben ihren eigenen Wortschatz,
ihre eigene Ausdrucksweise und ihre eigenen Begrüßungsritu-
ale. Das kann in einen regelrechten Gruppenzwang ausarten.
Aber nach dem Prinzip »Ähnlichkeit« urteilen und leben wir
alle, und das ganz ohne Zwang. Denn Anknüpfungspunkte sind nichts anderes als der Grundstein für Gemeinsamkeiten – und damit für gegenseitige Sympathie.

Erzähle ich das in meinen Seminaren, stimmen mir die Teilnehmer durch die Bank zu. Sprechen wir dann aber über konkrete Momente in ihrem Leben, stellt sich heraus, dass sie allzu
selten nach diesen Gemeinsamkeiten suchen – und das hat un-
erwünschte Folgen. Moritz und Peter stecken gerade in einer
ähnlichen Situation.

Szene: 12:15 Uhr. Die Kantine eines großen Energie-
versorgungsunternehmens. Gabeln und Messer
klappern auf Porzellangeschirr, an den Tischen wird
lebhaft diskutiert. Die Atmosphäre ist freundlich
und die Auswahl an Speisen größer als in einem
Feinschmecker-Restaurant. Um diese Uhrzeit strö-
men die Mitarbeiter in Scharen zum Essen.

Auftritt Moritz Pletterneck: Der 26 Jahre alte schlak-
sige Jurist ist erst seit drei Monaten im Unternehmen. Aber schon nach wenigen Tagen hat er erkannt,
dass die Kantine der Ort ist, an dem die wichtigen
Entscheidungen getroffen werden. Deshalb kommt

auch er jeden Mittag hierher. Moritz nimmt sein Tablett von der Theke und erobert den einzigen Tisch, der noch frei ist.

Peter Habermann arbeitet seit seiner Lehre in der Buchhaltung. Das warme Mittagessen in der Kantine hat der Mittfünfziger seitdem so gut wie nie verpasst. Eine große Portion Gulasch auf dem Teller, schaut er sich nun nach einem Sitzplatz um.

Wenn sich der Lohnbuchhalter und der Jurist einmal begegnen, dann höchstens frühmorgens im Foyer. Sie grüßen einander kurz, nehmen den Fahrstuhl in die fünfte Etage und schon trennen sich ihre Wege. Habermann geht nach links, Pletterneck nach rechts. Zielstrebig eilen sie in ihre Büros – und verschwinden in der alltäglichen Hektik. Doch hier und heute ist es anders.

Den einzig freien Stuhl in seinem Radius sieht Habermann an Pletternecks Zweiertisch. Erfreut fragt er seinen jüngeren Kollegen, ob das Plätzchen noch frei sei.

Normalerweise essen die beiden etwas zeitversetzt, und jeder sitzt mit seinen Abteilungskollegen am Tisch. Wegen einer Besprechung mit dem Personalchef ist Habermann heute aber spät dran. Und weil die Kantine voll ist, freut er sich, überhaupt einen Platz zu bekommen. Ein glücklicher Zufall, denn so haben die Männer endlich Gelegenheit, sich etwas besser kennenzulernen als beim Morgenhallo.

Pletterneck ist in bester Stimmung und nickt dem Kollegen über sein Hacksteak hinweg freundlich zu.

Sein Teller ist schon fast leer, aber er lässt sich Zeit mit den letzten Bissen und versucht, mit seinem Tischnachbarn ins Gespräch zu kommen: »Wie sieht es eigentlich bei Ihnen in der Buchhaltung derzeit aus?«, fragt er den älteren Kollegen und nimmt einen Schluck Cola.

Habermann stopft sich ein Stück Fleisch in den Mund, schluckt und spult routiniert die Antwort ab. »Wie immer alles überlastet. Das Softwareproblem ist noch immer nicht gelöst und das bremst uns einfach aus. Keiner weiß, was er zuerst anpacken soll. Alles, was reinkommt, sollte am besten bis gestern fertig werden.«

Nachdem er sich ausführlich über die Arbeitsbelastung ausgelassen hat, schließt Habermann seinen Vortrag ab:

»Aber wissen Sie was? Heute habe ich was vor! Und egal, was passiert, ich mache pünktlich Feierabend. Unter Druck lasse ich mich nicht setzen. Tja, und wie steht's bei Ihnen?«

Merken Sie etwas? Habermann hat eine Angel ausgeworfen. Wird er nach seiner Arbeit gefragt, kann er schlecht erzählen, dass ihm der Kopf ganz woanders steht. Aber eigentlich ist er seit Wochen ganz aufgeregt. Denn heute Abend geht er zur ersten Cello-Stunde seit 20 Jahren. Wegen der Arbeit hat er irgendwann aufgehört, Musik zu machen, obwohl er zu Schulzeiten sogar Preise gewonnen hatte. Jetzt nimmt er diese Leidenschaft endlich wieder ernst und traut sich sogar, dies

einem eher unbekannten Kollegen anzudeuten. Ob der Jurist
das versteht und den Ball aufgreift und zurückspielt? Schauen
wir mal, wie er auf Habermanns Aufschlag reagiert:

>Ja, heute muss ich auch noch mal richtig durch-
klotzen, aber für morgen habe ich dann Konzertkarten gekauft. Ein bisschen Entspannung muss auch
sein.«

>Genau«, erwidert Habermann. »Das haben wir uns
verdient.«

Die Männer lächeln noch einmal vielsagend, dann
steht Pletterneck auf. »Also, ich muss jetzt weitermachen, damit mein Stapel an Verträgen bis morgen
weg ist! Lassen Sie sich nicht hetzen, ja?« Er wünscht
seinem Kollegen noch mal guten Appetit, holt sich
noch einen Becher Kaffee und verschwindet wieder
in sein Büro.

Und zack, fällt der Ball auf den Boden! Die beiden hätten die
Chance gehabt, eine großartige Entdeckung zu machen – und
verpassen sie gerade gründlich. Pletterneck fragt nicht nach,
was Habermann heute Abend vorhat, und dieser wiederum
hält es nicht für nötig, sich nach den Konzertkarten des Juristen
zu erkundigen. So reden sie aneinander vorbei und lassen ihr
Steckenpferd vollkommen unberührt. Schade, sie hätten sich
über ihre gemeinsame Leidenschaft für Klassik austauschen
und diese zumindest in der Firma nicht mehr allein ausleben
müssen. Aber zu diesem interessanten Gesprächsthema kam es
nicht, und so bleibt alles beim Alten: Der eine geht nach links,
der andere nach rechts. Habermann und Pletterneck kommen

sich nicht einen Millimeter näher als sonst. Warum? Weil sie nicht nach Gemeinsamkeiten gesucht haben.

»Das mag ja sein«, sagen Sie jetzt vielleicht. »Aber wie kann ich im Einzelfall herausfinden, was mich mit anderen verbindet? Das Beispiel mit der klassischen Musik haben Sie jetzt vorgegeben, aber wenn ich mit einer x-beliebigen Person rede, kann ich schlecht zehn Themen pro Minute anreißen, bis zufällig eines passt!« Stimmt, da haben Sie recht. Und zum Glück müssen Sie das gar nicht. Es reicht schon, wenn Sie Ihrem Gegenüber aufmerksam zuhören. Das geht natürlich nicht, wenn Sie ihn mit einem Redeschwall überschütten, so wie Habermann in unserer Szene. Sondern es geht darum, die Ohren aufzumachen und in den anderen hineinzuhören.

»Wer nicht fragt, bleibt dumm«, habe ich als Kind gelernt. Darum stelle ich Fragen. Um etwas herauszufinden, was mich und den anderen verbindet. Habe ich eine Frage gestellt, höre ich ganz genau hin, was der andere sagt. Denn die Ohren aufzumachen, ist Gold wert für eine Kontaktaufnahme. Nur wenn ich hinhöre und das Gehörte mit meinen eigenen Worten wiederhole, signalisiere ich dem anderen: »Ich bin bei dir.« Und da ich in Kontakt bleiben will, mache ich das durch häufiges Nachfragen immer wieder.

So kommen Sie in Kontakt

Sie möchten einen Kontakt intensivieren, finden aber keine gemeinsame Basis? Geben Sie nicht auf, sondern suchen Sie hartnäckig nach Anknüpfungspunkten! Gemeinsamkeiten sind wahre Schnellstraßen hin zu einer engeren Verbindung. Und damit meine ich nicht nur Hobbys, sondern auch Übereinstimmungen in der Lebenslage und im Verhalten. Sie und Ihr Gesprächspartner sind beide Linkshänder? Was für ein schöner und ungewöhnlicher Zufall! Sie haben beide Kinder? Perfekter Anlass, um sich für ein Treffen auf dem Spielplatz zu verabreden! Sie sind beide Nachteulen, die bis weit nach Mitternacht am Schreibtisch hocken? Prima, dann wissen Sie, wen Sie nach elf noch anrufen können!

Es gibt viele Anknüpfungspunkte, die Menschen einander näherbringen können. Und diese Punkte finden Sie durch *aktives Zuhören*: Zunächst einmal stellen Sie Fragen, um so viel wie möglich über Ihren Gesprächspartner zu erfahren. »Was machen Sie in Ihrer Freizeit?« ist die ideale Eröffnung. Denn offene Fragen bringen den anderen zum Reden. Und nun heißt es: Ohren auf und aktiv zugehört! Sagt Ihr Gegenüber, er ist im Sportverein und hat daheim einen Weber-Grill, dann lautet eine mögliche Antwort: »Ach, interessant, Sie brutzeln auf dem berühmten Weber!« Diese Wiederholung erscheint Ihnen überflüssig? Dann bitte ich jetzt um Ihre Aufmerksamkeit: Eine Studie von Psychologen der Universität Nijmegen* hat ergeben, dass ein Kellner, der die Bestellung wortwörtlich wiederholt, bei gleicher Leistung fast doppelt so viel Trinkgeld bekommt wie sein schweigsamer Kollege, der die Bestellung nur aufschreibt und freundlich sagt: »Wird gleich gebracht.« Machen Sie sich das einmal klar: *Doppelt so viel Trinkgeld, allein durch Wiederholung!* Denn so banal es auch klingen mag: Durch die Wiederholung fühlt sich der Gast durch den Kellner bestätigt, die richtige Wahl getroffen zu haben. Die Botschaft – oder eben die Bestellung – ist angekommen. Und das hört jeder Kunde gern. Genauso wie jeder Freund oder Bekannte.

---

*   Van Baaren, R. B. R., Holland, W. et al. (2003). Mimicry for money: behavioral consequences of imitation. Journal of Experimental Social Psychology 39, S. 393–398

Also: Trauen Sie sich, die Inhalte Ihres Gesprächspartners zu wiederholen! Durch das aktive Zuhören vermitteln Sie ihm, dass Sie sich für ihn interessieren und ihn ernst nehmen. Ihr Gegenüber wird sich wohlfühlen und Sie verhindern gleichzeitig, dass Ihr Gespräch in einer Sackgasse landet. Denn wenn Sie aktiv zuhören statt nur mit einem Ohr, merken Sie sofort, ob Sie mit dem, was Sie erzählen, auf Resonanz stoßen. Wenn nicht, wechseln Sie elegant das Thema.

Sie praktizieren bereits routiniert aktives Zuhören? Dann probieren Sie meinen Trick für Mutige. Statt der Macht der Fragen nutzen Sie die Macht des Schweigens! Sie eröffnen das Gespräch mit einem kurzen Statement wie »Mensch, heute ist schönes Wetter!« – und dann schweigen Sie. Klingt einfach, ist aber schwieriger, als Sie denken. Denn die wenigsten schaffen es, Sprechpausen auszuhalten. Als Ungeübter werden Sie dabei Unbehagen erleben. Stehen Sie das durch und Sie haben mit der Schweigetechnik ein geniales Werkzeug an der Hand: Sie müssen gar nicht viel sagen, und Ihr Gegenüber spürt: »Ich bin dran.« Er fühlt sich aufgefordert, etwas preiszugeben, und merkt gleichzeitig, dass Sie ihm Raum lassen.

Praxis-Tipp

Sie möchten aktiv zuhören, kommen aber immer wieder selbst ins Plaudern? Dann versuchen Sie es mit dieser Technik: Stellen Sie beim nächsten Gespräch in kurzer Abfolge fünf Fragen. Gegenfragen ignorieren Sie konsequent. Stattdessen wiederholen Sie die Aussage Ihres Gegenübers, ohne sie zu kommentieren, und stellen gleich die nächste Frage. Hören Sie dabei aufmerksam zu und haken Sie immer weiter nach – so lange, bis Sie eine neue, für Sie wertvolle Information erhalten haben, an die Sie anknüpfen können.

Machen Sie das heute fünf Mal, morgen mit einem neuen
Ansprechpartner sieben Mal und übermorgen zehn Mal. Sie
werden Gemeinsamkeiten entdecken, die Sie nie vermutet
hätten. Einfach weil Ihr Gegenüber von sich erzählt.

3. Trauen Sie sich selbst, dann trauen Ihnen andere

Warum Vertrauen ein Geschenk ist und keine Forderung sein kann

Nehmen wir einmal an, Sie würden sich um Ihre Beziehung
sorgen. Ihr Partner hat Ihnen in der letzten Zeit häufiger Grund
dazu gegeben, sodass Sie ihn in einem ruhigen Moment zur
Rede stellen: »Sag mal, Schatz, warum gehst du eigentlich in
letzter Zeit so oft abends weg und machst dann immer das
Handy aus?« Eine berechtigte Frage, auf die Sie eine beruhi-
gende Antwort hören möchten. Und dann sagt Ihr Mann bezie-
hungsweise Ihre Frau: »Mach dir keine Sorgen, Liebling. Du
kannst mir vertrauen!« – und damit sind Sie endgültig aufge-
schmissen. Der Partner hat Ihr Vertrauen eingefordert, Ihnen
aber keinen triftigen Grund geliefert, weshalb Sie ihm glauben
sollten.

Bei mir springen in solchen Augenblicken alle Alarmsignale
auf Rot. Wenn ein neuer Geschäftspartner meine Bitte, eine ge-
troffene Vereinbarung schriftlich festzuhalten, ablehnt, weil ich
ihm ja *vertrauen* könne – dann weiß ich, dass ich mit bösen

Überraschungen rechnen muss. Denn mit dem Vertrauen ist es wie mit der Liebe. Wer käme schon auf die Idee zu sagen: »Liebe mich, bitte!«? Entweder das Gefühl ist da, oder es lässt noch auf sich warten. Darum kann der Anwärter ja werben. Mit Blumen, einem romantischen Essen oder einem erfüllten Wunsch. Aber einfordern lässt sich die Liebe nicht. Und Vertrauen genauso wenig.

Trotzdem sagen so viele Menschen Sätze wie »Du musst mir vertrauen«. Wenn der andere dann zustimmt, traut er ihm wirklich? Wie bringen Sie Menschen dazu, Ihnen zu vertrauen, ohne dass Sie es verbal einfordern?

> Szene: Ein elegantes Mehrfamilienhaus in Hamburg. An jeder Wohnung ein üppiger Balkon, vor dem Gebäude ein gepflegter Gemeinschaftsgarten mit Grillplatz. »Tatort« ist die lichtdurchflutete Hochparterrewohnung von Kerstin, 32, Single, eine Katze. Gerade hat sie sich auf die Couch gesetzt, da läutet es an der Tür.

Häuser wie diese haben einen gewissen Charme: Die Mieter kennen einander und haben schon viele Abende zusammen verbracht. Hier klingelt man ohne schlechtes Gewissen beim Nachbarn, leiht sich ein bisschen Zucker, bringt Frühstücksbrötchen mit oder bittet um einen kleinen Gefallen. So auch jetzt, als Kerstin die Tür öffnet.

> Auftritt Kai: Der 38-jährige Unternehmenscoach ist alleinstehend und hat vier Katzen. Mit einem Lächeln folgt er Kerstins spontaner Einladung zum Nachmittagstee auf die kleine Terrasse, von der aus eine Katzentreppe in den Garten geht.

»Was führt dich zu mir?«, will Kerstin wissen.

»Ach, weißt du, ich muss für eine Woche nach München. Hab kurzfristig einen großen Auftrag reinbekommen.«

»Ist doch toll«, freut sich Kerstin. »München ist eine super Stadt, da wohnt eine Tante von mir.« Sie krault ihre Katze, die gerade vom Mäusefang zurückgekommen und ihr auf den Schoß gesprungen ist. »Und, kümmert sich deine Schwester wieder um deine Stubentiger?«

»Nein, die ist ausgerechnet jetzt in Urlaub. Deshalb bin ich hier. Meinst du, du könntest dich in der Zeit um sie kümmern? Du weißt ja … «

»Ja, ich weiß: Deine reinrassigen Prinzessinnen könnten auf der Straße verloren gehen und brauchen deshalb Gesellschaft in ihren Audienzzimmern. Kein Problem, mach ich.«

»Danke! Es ist mir nämlich wirklich wichtig, dass sie jeden Tag …«

Aber Kerstin lässt Kai wieder nicht ausreden: »Mach dir keine Sorgen, okay? Ich hab schließlich selbst eine Katze, und die hat bei mir schon fünf fette Jahre hinter sich«, grinst sie. Kerstin krault der Katze den Bauch, findet eine Zecke und dreht sie beiläufig mit den Fingernägeln heraus. »Nicht wahr, Minka?«

Kai schaut skeptisch: »Hat Minka kein Zeckenhals-
band?«

Ungerührt zuckt Kerstin die Schultern: »Muss ich
dieses Jahr noch kaufen. Aber wir kommen auch so
klar, gell, meine Süße? An so einem kleinen Zecken-
biss ist noch keine Katze gestorben, hm? Und du,
Kai? Noch etwas Tee?«

Fällt Ihnen etwas auf? Kai und Kerstin kennen und mögen einander, aber in puncto Katzenpflege sind sie offenbar nicht auf
einer Wellenlänge. Wo Kerstins Minka Freigängerin ist, sind
Kais »Prinzessinnen« Wohnungskatzen. Und das, obwohl auch
Kai im Hochparterre wohnt. Kerstin hat ihn dafür in der Vergangenheit schon öfter freundschaftlich auf den Arm genommen: »Vier Katzen auf 60 Quadratmetern! Meine Minka hat
eine ganze Stadt für sich!«
   Aber Kai sorgt sich in der Großstadt um die Sicherheit seiner
Katzen. Schließlich sind sie seine Familie, und so umsorgt er sie
wie seine Kinder: mit dem besten Futter, natürlichen Vitamin-
präparaten und langen, täglichen Kuschelstunden. Kerstin hingegen arbeitet im Schichtdienst. Minka und sie sind ein gutes
Team – eigenständige Mitbewohnerinnen sozusagen. Ob Kais
Teilzeit-Katzenpflegerin seine Erwartungen erfüllen wird? Kai
ist plötzlich nicht mehr ganz überzeugt und macht noch einen
zweiten Anlauf, um seinen Verdacht zu überprüfen:

»Weißt du, Kerstin, ich würde dir trotzdem gern
noch erklären, was ich mir wünsche. Ich möchte,
dass es meinen Katzen in der Zeit gut geht. So lange
bin ich selten weg, sie sind das nicht gewöhnt. Und
deshalb will ich dir den Ablaufplan erklären.

Es folgt ein zehnminütiger Monolog über Fellpflege, Fütterungsrichtlinien und Schmuserituale. Kerstin nickt zusehends abwesend und beginnt, trockene Blätter von ihren Balkonblumen zu zupfen.

»Hör zu, Kai«, unterbricht sie ihn schließlich. »Mach dir keinen Sorgen, ich krieg das hin. Schmusezeit, bürsten, alles paletti. Du kannst mir vertrauen.«

»Aber das mit dem Füttern ... Sie brauchen da nämlich ein besonderes ...«

»Das mit dem Füttern krieg ich auch hin, die verhungern schon nicht. Ehrlich, Kai: Du kannst mir da vertrauen. Ich mach das schon.«

Kai nickt dezent – aber richtig überzeugt wirkt er nicht.

»Du kannst mir vertrauen«, hat Kerstin gesagt. Aber kann Kai das wirklich? Er ist mit einem für ihn sehr wichtigen Anliegen zu seiner Nachbarin gekommen. Er hat mehrfach versucht, ihr zu erklären, worauf es ihm ankommt. Aber Kerstin hat nicht richtig zugehört. Sicherlich ist sie keine Rabenmutter. Mit ihrer Katze kommt sie hervorragend zurecht. Und Minka wirkt auch keineswegs vernachlässigt. Trotzdem: Man mag von exzessiver Katzenbemutterung halten, was man will, aber wie soll Kai Kerstin vertrauen, wenn sie nicht einmal nach der richtigen Futtersorte fragt? Und wenn sie sich nicht anhören möchte, welche Vitamindosis jeder Katze zugedacht ist? Mal sehen, was Kai darüber denkt, als er wieder mit den »Prinzessinnen« in seiner Wohnung sitzt:

*Hm, vielleicht war es doch keine so gute Idee, Kerstin
zu fragen. Es wäre zwar unheimlich praktisch, aber allein schon diese Sache mit der Zecke! Oder sie kippt
das Fenster zum Lüften, passt nicht auf, eine der Katzen versucht rauszuklettern, bleibt hängen und bricht
sich das Rückgrat! Wie das mit den Futterzeiten ist,
wollte sie auch nicht wissen. Dabei ist es doch gerade
bei Scheherazade so wichtig, dass sie den Ernährungs-
plan einhält. Sie hat so einen empfindlichen Magen.
Und jetzt habe ich gar nicht abklären können, ob die
Fütterzeiten mit Kerstins Schichtdienst überhaupt
kompatibel sind. Hätte sie wenigstens nach der Nummer des Tierarztes gefragt.*

Kurz: Kai ist verunsichert und hat ein schlechtes Gefühl bei der
Sache. Er ist meilenweit davon entfernt, Kerstin zu vertrauen.
Sie hat zwar *gesagt*, er müsse sich keine Sorgen machen, sich
aber nicht entsprechend *verhalten*. Nach einer schlaflosen
Nacht sagt Kai Kerstin ab und entscheidet sich schließlich dafür, seine Prinzessinnen für die nächste Woche in der renom-
mierten Katzenpension in Othmarschen unterzubringen, von
der er gehört hat. Das ist zwar sehr kostspielig und die Reise
dorthin wird eine Zumutung für die fragile Scheherazade, aber
in Kais Augen ist das besser, als sieben Tage ein mulmiges Gefühl haben zu müssen.

So kommen Sie in Kontakt

Ihr Gesprächspartner fragt Sie nach Argumenten, und Sie wollen die lange Diskussion abkürzen? Wenn Sie wissen, dass Sie
im Recht sind, ist das absolut verständlich. »Vertrau mir ru-

hig«, steht dann oft als Aufforderung im Raum. Doch das provoziert beim Gegenüber nicht selten Widerspruch. Oft fällt ihm erst in diesem Augenblick auf, dass er Ihnen eben *nicht* vertraut. Denken Sie an einen Verkäufer. Der steht ganz unsicher vor einem DVD-Player und sagt: »Eigentlich kann ich Ihnen dieses Gerät wärmstens empfehlen!« *Aha*, denken Sie dann. *Eigentlich*. Und *uneigentlich*, wo ist der Haken?

Was Sie tun können, damit Ihr Gegenüber Ihnen vertraut? Zwei Punkte sind hier wichtig. Erstens: Vertrauen muss man sich verdienen. Wer mit der eigenen Leistung überzeugt, macht es dem anderen leicht, sich auf ihn zu verlassen. Weil sich das Gegenüber in diesem Fall schließlich auf Erfahrungswerte stützen kann. Ist der Nachbar prinzipiell zuverlässig? Dann wird er es auch schaffen, mein Kind pünktlich von der Schule abzuholen. Schwierig wird es, wenn sich jemand schon bei kleinen Aufgaben als nicht vertrauenswürdig erweist. Eltern kennen das von ihren pubertierenden Kindern. Der Sohn, der sich immer an vereinbarte Zeiten hält, darf auch mal länger wegbleiben. Oder zu einer Party gehen, bei der die Eltern insgesamt eher skeptisch sind. Kommt er aber grundsätzlich zu spät, kann er noch so hoch und heilig schwören, dass er nach *dieser* Party pünktlich nach Hause kommen wird. Er hat das Vertrauen seiner Eltern verspielt.

Mangelndes Vertrauen schleicht sich schnell ein. Einer meiner Bekannten hat drei Nachbarn: einen Lehrer, mit dem er fast zeitgleich eingezogen ist, ein älteres Paar, das vier Jahre später dazukam, und einen jungen Barmixer, der erst seit einem halben Jahr die Wohnung im Dachgeschoss zur Untermiete bezogen hat. Wenn mein Bekannter auf Reisen geht, wem überlässt er seinen Schlüssel? Nicht dem Lehrer, nicht dem Paar, sondern dem jungen Mann, der zuletzt eingezogen ist. Der ist zwar noch grün hinter den Ohren, aber die anderen machen einen schludrigen Eindruck auf meinen Bekannten. Offensichtlich ticken sie anders als er. Dabei hat er keine konkreten Anhaltspunkte, dass die anderen Nachbarn nicht vertrauenswürdig wären. Es ist nur ein Gefühl. Und das, obwohl nichts Schlimmes passieren könnte, denn es gibt nur den Postkasten zu leeren und die Blumen zu gießen.

Der zweite wichtige Punkt: Wer Vertrauen einfordert, muss sich in erster Linie selbst vertrauen. Denn nicht selten ist ein »Vertrau mir!« zugleich eine Selbstberuhigung: *Ich kriege das schon hin. Irgendwie. Ganz bestimmt.* Und das merkt das Gegenüber sofort. Jemandem, der sehr vorsichtig Auto fährt, zehnmal nach links und rechts schaut, ständig auf der Bremse steht und sich um jede Kurve tastet, vertraut man sein Auto nicht gerne an. Denn offenbar traut er sich das Fahren selbst nicht zu. Dabei ist erwiesen, dass die behutsamen Autofahrer tatsächlich weniger Unfälle verursachen. Wer hingegen souverän fährt und auch in Stresssituationen einen kühlen Kopf bewahrt, der muss nicht wortreich versichern, dass er ein guter und geübter Autofahrer ist – wir sehen es an der Art, wie er sich verhält. Wir sehen es an seinem Selbstvertrauen. Und leihen ihm locker einmal das Auto.

Übrigens: Wenn Sie einem Freund versprochen haben, dass Sie ihn um 17:30 Uhr vom Bahnhof abholen, und er Ihnen um 17 Uhr noch eine SMS schickt, ob Sie denn bitte daran denken, dann können Sie sicher sein, dass dieser Mensch Ihnen nicht vertraut. Wenn Ihnen so etwas bereits öfter passiert ist, sollten Sie prüfen, warum das so ist – und ob Sie es ändern können. Vielleicht liegt es ja an Ihnen?

Praxis-Tipp

Sie möchten wissen, ob Sie auf andere vertrauenswürdig wirken? Dann machen Sie folgenden Test: Fragen Sie
einen Bekannten, ob er Ihnen für eine Woche 100 Euro
leiht. Hat es ohne Probleme funktioniert? Prima! Dann
können Sie wenige Stunden später Ihre Schuld tilgen. Ist
der Leihversuch gescheitert oder hat Ihr Bekannter auch
nur kurz gezögert, bevor er Ihnen den Schein überreichte?
Dann fragen Sie sich, warum. Wie haben Sie zu diesem Ergebnis beigetragen? Und welche Konsequenzen hat diese
Erkenntnis für Ihren nächsten Versuch, sich 100 Euro zu
leihen? Sollten Sie zu dem Schluss kommen, dass das
Scheitern nichts mit Ihrer Person zu tun hatte, sondern
einzig und allein an schlechten Erfahrungen in anderen Fällen oder besonderen Prinzipien Ihres Gegenübers lag, überlegen Sie trotzdem, was Sie beim nächsten Mal anders machen können.

4. Brillentausch gegen Ego-Optik

Wie Menschen behandelt werden wollen

»Behandle jeden so, wie du selbst behandelt werden möchtest«,
lautet die goldene Regel, die uns als Kind bereits von Eltern,
Oma und Opa eingetrichtert wurde. Klingt einleuchtend und
menschenfreundlich, kann aber Gift für die Beziehung sein.

Wenn Sie sich zum Beispiel den persönlichen Kontakt zu Ihren Geschäftspartnern wünschen, Ihr wichtigster Kunde aber am liebsten alles per E-Mail erledigen möchte: Fühlt er sich dann wohl, wenn Sie jeden Tag anrufen? Ungeachtet der Störung während des Tagesgeschäfts oder einer schlechten Mobilfunk-Verbindung? Oder wie ist es, wenn Ihre Partnerin die gemeinsame Wohnung kühl und schlicht designen möchte, während Sie auf plüschige Gemütlichkeit setzen? Wenn Sie als Überraschung drei Ohrensessel bestellen, dann zählt Ihre gute Absicht wenig: Ihre Freundin wird die Hände über dem Kopf zusammenschlagen, wenn die Lieferung da ist. Und wie war das noch mal mit dem Geburtstag Ihrer Mitbewohnerin? Sie schenken ihr ganz begeistert Ihre Lieblings-»Iron-Man«-DVD und fragen sich, warum sie Ihnen nicht um den Hals fällt? Dabei hätten Sie wissen können, dass sie sich über den neuesten Til-Schweiger-Film viel mehr gefreut hätte.

Auch wenn es vielleicht an Ihrer Eitelkeit kratzt: Nicht jeder Ihrer Mitmenschen hat den gleichen Geschmack wie Sie. Bei genauerem Hinsehen sind wir alle oft sehr unterschiedlich. Wenn Ihr Partner den Urlaub durchplant, während Sie spontan losfahren möchten, oder wenn Sie als Frühaufsteher Ihren Freund um acht mit einem Überraschungsanruf aus dem Schlaf reißen und er mit einem Knurren sofort wieder auflegt, dann sollten Sie kurz innehalten und überlegen, woher der Unmut kommt. Denn das bringt Sie zur entscheidenden Frage: Wenn Ihr Gegenüber nicht wie Sie selbst behandelt werden will – wie denn dann?

Szene: Eine Ferienwohnungssiedlung an der dänischen Ostseeküste. Soweit das Auge reicht, stehen Häuser in leuchtenden Farben, Sonnenstrahlen fallen auf die gepflegten Holzvorbauten.

Die Eheleute Graumann, beide Mitte 40, sitzen im legeren Urlaubsdress beim Frühstück auf der Terrasse. Sie sind früh aufgestanden und haben schon längst geduscht. Horst hat Croissants und eine Tageszeitung eingekauft, Evelyn hat den Tisch gedeckt, Kaffee gekocht und frischen Orangensaft gepresst. Jetzt lassen sie ihre Füße von der Sonne streicheln, und jeder liest eine Hälfte der einträchtig geteilten Zeitung.

Gemütlich in den Tag hineinkommen, ausgiebig frühstücken und dann einen Spaziergang oder eine Wanderung machen. Das ist die Art der Graumanns, den Urlaub zu verbringen. Und mit diesem Tempo fühlen sie sich pudelwohl. Dass es an ihrem Tisch eher still ist, bedeutet nicht, dass sie sich nichts zu sagen haben. Evelyn und Horst möchten den Tag einfach ruhig beginnen, bevor sie in Bewegung – und ins Schwatzen kommen.

Auftritt Martin und Judith: Das Studentenpärchen ist das erste Mal in Dänemark. Die beiden löffeln schnell einen Joghurtbecher aus und trinken einen Fruchtsaft aus dem Tetrapack. Er rasiert sich nun den Zweitagebart ab, während sie ihm den Tagesplan aus der Küche zuruft.

Judith und Martin sind spät aufgestanden und haben es eilig, das Haus zu verlassen und etwas zu erleben. Am Vorabend haben sie die Graumanns freundlich begrüßt und sich von den urlaubserfahrenen Nachbarn ein paar Tipps zum Umgang mit dem Warmwasserboiler geben lassen.

Martin rennt jetzt frisch rasiert an den Frühstückstisch der Graumanns: »Hey, seid ihr dabei? Judith
und ich wollen in die Shopping-Mall von Nysted.
Wir waren da schon gestern Nacht und haben ganz
lecker gegessen. Judith sagt, heute um 16 Uhr findet
dort ein Konzert statt. Kommt einfach mit, in zehn
Minuten fahren wir los. Wir schmeißen uns nur
noch schnell in Schale!«

Kaum hat er seinen Satz beendet, ist Martin wieder
bei Judith. »Ich habe sie jetzt eingeladen. Packst du
noch schnell die Badesachen ein?«

Wenn der arme Martin wüsste, was er mit seinem Angebot an-
richtet! Die Graumanns wollen Entspannung und sind von seiner »Störung« alles andere als begeistert. Da sie beide berufstä-
tig sind, kommen sie im Alltag nur selten zum Entspannen.
Umso mehr wollen sie im Urlaub ihre Ruhe haben und die
Natur genießen. Sie sind ja nicht nach Dänemark gekommen,
um ins Einkaufszentrum zu gehen. Und was Martin und Judith vorhaben, das haben die Graumanns sowieso schon mit-
bekommen. So laut haben sich die beiden ihre Pläne zugebrüllt.

Evelyn und Horst schütteln den Kopf und tauschen
irritierte Blicke. Ohne überhaupt ein Wort zu wechseln, wissen sie, dass sie beide das Gleiche denken:
Oh Gott, was sind das für schreckliche Menschen?
Grauenhaft! Echte Nervensägen!

Dabei haben Judith und Martin es nur gut gemeint: Sie fanden
die Graumanns sympathisch und wollten mit ihnen in Kontakt
bleiben. Darum haben sie gleich am nächsten Morgen einen

Vorschlag gemacht, um zusammen Spaß zu haben. Und weil die zehn Minuten jetzt rum sind und die Graumanns noch nicht vor dem Auto stehen, schaut Martin noch mal rüber. Vielleicht machen sie sich gerade fertig.

Wieder rennt Martin zur Terrasse der Graumanns – und traut seinen Augen nicht: *Die sitzen ja immer noch im saloppen Zeug!*

Der junge Mann ist perplex, aber er hat es eilig und hakt einfach noch mal nach:

»Ehm, wollt ihr nicht mitkommen, oder sollen wir vorfahren?«, fragt er die beiden Leseratten.

Wie beim Ballett lassen die Graumanns absolut synchron die Zeitung sinken und schauen über den Brillenrand. Mit einer langsamen Kopfbewegung bedeuteten sie Martin, dass sie hierbleiben.

»Ah okay, na, dann lass ich euch mal meine Handynummer da. Ruft einfach an, wenn ihr in der Stadt seid, wir laden euch zum Eis ein!«

Und als er wieder am Auto ist, schüttelt Martin nur noch verwirrt den Kopf.

Zu allem Überfluss halten Judith und Martin die Nachbarn jetzt für Langweiler, die vor sich hin muffeln und keine Freude am Urlaub haben. Dabei liegt der springende Punkt ganz woanders. Judith und Martin wollten mit ihren Nachbarn Spaß haben – so wie Judith und Martin sich das vorstellen: möglichst viel erleben und in Bewegung bleiben. Und je weniger Begeisterung die Graumanns gezeigt haben, desto mehr hat Martin nachgelegt. Woraufhin diese noch mehr auf Distanz gegangen sind.

Schade, denn beide Paare sind grundsätzlich offen und waren sich am Vorabend sogar sympathisch. Die gute Stimmung hätten sie leicht aufrechterhalten können, indem sie ihre Nachbarn einfach beobachtet hätten. Dann hätten die Graumanns gesehen: Die jungen Leute da drüben suchen Gesellschaft. Also sagen sie ihnen: »Klasse, verabreden wir uns doch in zwei Stunden. Wir brauchen jetzt erst einmal unseren Morgenkaffee und unsere Ruhe. Okay?« Umgekehrt hätte Martin allein am Blick, den die Graumanns ausgetauscht haben, merken können, dass die beiden im Augenblick etwas anderes wollen als wegfahren. Dann hätte er einlenken und zum Beispiel vorschlagen können, am nächsten Tag in eine ruhige Kneipe zu gehen.

So kommen Sie in Kontakt

Seien Sie offen für die Signale Ihrer Mitmenschen! Und stülpen Sie ihnen nicht Ihre eigenen Bedürfnisse über, sondern behandeln Sie sie so, wie *sie* es möchten. Das klingt einfach, ist in Wirklichkeit aber leichter gesagt als getan. Trotz meiner Erfahrung im Bereich Kommunikation bin auch ich bei diesem Thema einmal kräftig auf die Nase gefallen:

Vor einigen Jahren habe ich mich bei einem großen Marktforschungsinstitut vorgestellt, um die Möglichkeit einer Zusammenarbeit auszuloten. Ich wollte die Leiterin der Fortbildungsabteilung von meinen Seminaren überzeugen und sagte ihr, dass ihre Mitarbeiter die Ergebnisse der Umfragen auch plastischer darstellen könnten als in einer klassischen Power-

point-Präsentation. Statt mit Balken und Diagrammen könnten sie mit Legosteinen und echten Torten arbeiten. Als ich
merkte, dass meine Idee nicht sofort zündete, zog ich ein paar
Legosteine aus meiner Tasche, um meine Gedanken zu veranschaulichen. Und als meine Gesprächspartnerin immer noch
nicht begeistert war, dachte ich: *Oh, alles klar, ich war anscheinend noch nicht emotional genug.* Ich habe noch einen Zahn zu-
gelegt, indem ich darauf hinwies, dass ich auch mit Schauspie-
lern arbeite. »Damit erhöhe ich den Spaßfaktor in Ihrem
Seminar. Da geht richtig die Post ab!«

Aus der Zusammenarbeit wurde nichts. Denn mit jedem
neuen Beitrag habe ich mich weiter von meinem Gegenüber
distanziert. Der Fehler? Ich habe es versäumt, die Brille meiner
Gesprächspartnerin aufzusetzen. Schon aufgrund der Einrich-
tung ihres Büros, ihrer Art zu reden und ihrer Skepsis meinem
Vortragsstil gegenüber hätte mir klar werden müssen, dass das
Institut ein analytisches und daher sehr sachlich kommunizie-
rendes Unternehmen ist. Wenn ich dies rechtzeitig wahrgenommen hätte, wäre ich auf alle Fälle darauf eingegangen und
hätte ganz anders argumentiert: »Für Sie ist es wichtig, Informationen präzise aufzubereiten. Wir haben dafür eine Variante,
bei der die Zahlen beim Publikum noch besser ankommen.«
Doch ich habe meine eigenen Bedürfnisse auf meine Ansprech-
partnerin projiziert. Und das passiert leichter, als Sie denken.
Sie wollen das Beste, scheren aber Ihre Wünsche und die Ihres
Gesprächspartners unbewusst über einen Kamm. So schaffen
Sie faktisch die Grundlage für endlose Missverständnisse und
Auseinandersetzungen.

Machen Sie sich deshalb klar, in welchen Bereichen der
Mensch gegenüber anders tickt als Sie! Beobachten Sie sein Verhalten, seine Reaktionen auf das, was Sie tun und sagen. Wie
spricht der andere und wie geht er mit seinem Umfeld um? An

dem, was Sie unterscheidet, können Sie viel ablesen. Nicht selten sind diese Differenzen die Punkte, die Sie an Ihrem Gesprächspartner stören. Wenn Sie in Kontakt bleiben wollen, sollten Sie sich auch mit diesen Eigenschaften arrangieren und sich darauf einstimmen. Ein Beispiel:

Eine Kollegin, die ich sehr schätze, ist im Restaurant immer anspruchsvoll gegenüber dem Kellner. Wenn wir essen gehen, studiert sie die Speisekarte haargenau und stellt viele Fragen. »Sind das auch frische Kräuter?« Oder: »Verwenden Sie hier Orangen aus biologischem Anbau?« Sie beschwert sich auch, wenn unser Essen nicht gleichzeitig kommt. Dass sie dann gegenüber der Bedienung schnell unangenehm wird, belastet mich weit mehr als der tatsächlich vorhandene Servicemangel. Denn es entspricht nicht meinem Charakter, auf so etwas hinzuweisen. Mir fehlt es nicht an Mut, sondern es ist mir zu mühsam. Zwei Minuten länger auf das Essen zu warten, ist für mich eine Lappalie. Eigentlich stört mich, dass sie und ich bei diesem Thema eine unterschiedliche Einstellung haben.

Wie kommen Sie mit solchen Situationen zurecht, ohne dass der andere Ihnen unsympathisch wird? Setzen Sie für einige Sekunden ganz bewusst die Brille Ihres Gegenübers auf und betrachten Sie die Situation aus seiner Perspektive. Bei meiner Kollegin fällt mir dann sofort ein: *Eigentlich hat sie ja recht. Es ist nachlässig, zwei Gästen, die gemeinsam bestellen, das Essen nicht zur gleichen Zeit zu bringen. Meine Kollegin meint es nicht böse, sondern möchte einfach gemeinsam mit mir essen. Das kann ich ihr doch nicht übel nehmen!*

Versetzen Sie sich also in den anderen und erkennen Sie seine positive Absicht. In Konfliktsituationen kann es helfen, wenn Sie auch aussprechen, dass Sie die Gegenseite verstehen. Ihr Gesprächspartner fühlt sich dann anerkannt und ernst genommen. Wenn Sie geschickt sind, erlauben Sie ihm dabei auch einen Blick durch Ihre Brille. Schließlich ist es ein Zeichen von Wertschätzung zu sagen: *Ich bin anders, aber ich respektiere dich, wie du bist.*

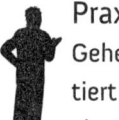

Praxis-Tipp

Gehen Sie in Gedanken Ihren Freundeskreis durch: Garantiert gibt es einen Bekannten, den Sie zwar nett finden, aber mit dem Sie niemals in Urlaub fahren würden, weil Sie einfach zu unterschiedlich sind. Dann nehmen Sie ein Blatt Papier und schreiben wenigstens drei Dinge auf, bei denen dieser Mensch anders tickt als Sie. Danach führen Sie aus, was das Positive daran ist. So finden Sie schnell heraus, wo Ihre persönlichen Grenzen liegen und wie Sie auf die Eigenarten des anderen Rücksicht nehmen können. Vergessen Sie Omas Regel »Behandle andere Menschen so, wie du selbst behandelt werden möchtest!«, beherzigen Sie ab jetzt meinen Tipp: »Behandle andere Menschen so, wie sie behandelt werden wollen!«

5. Wen ich nicht leiden kann, entscheide ich!

Wie Sie sich für immer von Energieräubern verabschieden

Es gibt Momente, da müssen Sie richtig mit sich kämpfen: Ihre alte Schulfreundin hat Geburtstag, und Sie sträuben sich innerlich regelrecht dagegen, ihr zu gratulieren. Denn nach jedem Gespräch mit ihr sind Sie völlig ausgelaugt. Aber Sie fühlen sich verpflichtet anzurufen. Schließlich hat sie Ihren Geburtstag all die Jahre nicht einmal vergessen. Das Ereignis einfach unter den Tisch fallen zu lassen, das bringen Sie nicht übers Herz.

Alte Bekannte können echte Spaßbremsen sein. Aber manchmal sind das auch Menschen, mit denen wir ständig zu tun haben. Verwandte, Kollegen, Nachbarn. Mit ihnen *müssen* wir zurechtkommen. Denn ob es uns passt oder nicht: So schnell werden wir diese Menschen nicht los. Also gratulieren wir ihnen schön zum Geburtstag, machen ihnen Komplimente und üben uns in Small Talk. Doch wenn wir mit uns selbst wirklich ehrlich sind, geht uns diese Bemühung um Harmonie auf die Nerven. Zumal uns viele dieser Leute genau genommen ziemlich egal sind.

Bei geschäftlichen Beziehungen machen wir schnell kurzen Prozess, wenn die gefühlte Verpflichtung mehr Nerven und Zeit kostet, als wir zu investieren bereit sind. So habe ich zum Beispiel viele Jahre lang anstelle großer, seelenloser Supermärkte kleine Einzelhändler in meiner Nachbarschaft unterstützt. Als aber der Inhaber des kleinen Ladens ums Eck nicht

aufhörte, mir trotz meines Hinweises auf mein knappes Zeit-
budget stets langatmig die gleichen Geschichten zu erzählen,
hat es mir irgendwann gereicht. Meine Sympathie für sein Ge-
schäftsmodell war nicht groß genug, als dass ich die Belastung
länger ertragen hätte.

In solchen Situationen ist jedem klar, dass er bestehende Verhältnisse nicht um jeden Preis beibehalten muss. Doch wenn es
um die nervige Schulfreundin geht, ist die Frustrationstoleranz
plötzlich deutlich höher. Sie halten aus und fühlen sich Ihren
versteckten Aggressionen hilflos ausgeliefert. Dabei *müssen* Sie
nicht jeden Menschen mögen. Mit wem Sie sich umgeben und
mit wem nicht – diese Entscheidung gehört allein Ihnen!

> Szene: Betriebsfeier einer mittelständischen Soft-
> warefirma in einem eigens für das Fest angemieteten
> Hotel. Die 60 Mitarbeiter sind alle da. Familienange-
> hörige und Angestellte gruppieren sich um die Steh-
> tische, während die Marketingabteilung geschlossen
> an der langen Tafel sitzt. Die Unterhaltung ist leb-
> haft, die Aperitifs munden.

Mit den Antipathien ist das so eine Sache. Bei der Arbeit lassen
sie sich gut überspielen, im halbprivaten Rahmen fällt dies
deutlich schwerer. Dabei ist eine Betriebsfeier eine zwanglose
Angelegenheit und zum Glück ist die Gruppe groß genug, um
Unsympathen dezent aus dem Weg gehen zu können.

> Auftritt Thomas: Der 40-Jährige mit sportlicher Fi-
> gur und ersten grauen Haaren ist Leiter der Perso-
> nalabteilung. Er kommt herein, als die Feier schon in
> Gang ist. Und weil er seine Abteilungskollegen nicht
> auf Anhieb findet, setzt er sich an die große Tafel, wo

gerade ein Stuhl frei geworden ist. Marketingleiter Andreas, ein lebhafter Mittfünfziger mit auffälliger Krawatte, spricht Thomas sofort an:

»Thomas, setz dich, du siehst ganz schön geschafft aus. Wir sprechen gerade über unsere Urlaubspläne. Ich habe da im Winter einiges vor. Weil wir das ganze Jahr über schuften, hab ich mir vier Wochen Urlaub am Stück mehr als verdient. Übrigens, ich hab gehört, dass Skifahren für dich auch ein Thema ist. Da kann ich dir ein gutes Hotel in St. Moritz empfehlen. Erstklassiger Service, tolle Zimmer, Super-Ausblick. Und da siehst du auch mal den einen oder anderen Promi. Letztes Mal waren wir mit Robbie Williams an der Bar. Auf welche Piste zieht es dich denn dieses Jahr?«

Während des Monologs seines Kollegen ist Thomas unruhig auf seinem Sitz hin und her gerutscht. Nun zieht er die Brauen hoch, räuspert sich, greift zu seinem Glas Wasser und lächelt schließlich beflissen.

»Klingt … interessant. Vielen Dank für den Tipp. Aber wir fahren immer in Österreich Ski. Da haben wir unsere Stammhütte.«

Zu anderen Führungskräften einen guten Draht aufzubauen, kann nicht schaden, hatte Thomas gedacht, als er sich zu Andreas setzte. Aber jetzt fühlt er sich in der selbst gewählten Gesellschaft alles andere als wohl. Andreas Redebeitrag bestätigt nur den Eindruck, den er schon beim Vorstellungsgespräch von ihm hatte. Da musste sich Thomas ins Gedächtnis rufen, dass seine spontane Antipathie gegen den Marketing-Menschen nicht ausschlaggebend für seine Einstellung sein darf. Dass seine Entscheidung als Personaler richtig war, zeigt sich auch an den Ergebnissen: Andreas ist verdammt gut in seinem Job. Aber in Thomas' Augen ist er trotzdem ein arroganter Pinsel. Daran kann auch die gute Stimmung bei der Betriebsfeier nichts ändern. Und trotzdem sitzt Thomas nun hier und tauscht sich mit Andreas über Skiurlaube aus. Dabei hat er nicht die geringste Lust, beim Wettbewerb um die prominenteste Urlaubsbekanntschaft mitzuhalten. Am liebsten würde er sich an einen Nebentisch verabschieden. Aber er will Andreas nicht vor den Kopf stoßen und ungute Stimmung im Betrieb verbreiten. Also versucht er, dem Gespräch eine andere Richtung zu geben:

»Wo fahren Sie sonst Ski?«, fragt er zurück.

Andreas entgegnet: »Na, wir sind regelmäßig in Gstaad, und wie ihr waren wir selbstverständlich auch schon in Österreich. Kitzbühel ist dort angesagt.«

Thomas lächelt. »Ist bestimmt schön da. Ich mag Winterurlaub.«

Und Andreas gerät nun endgültig ins Schwärmen. »Das kann ich verstehen. Im Urlaub muss es entweder richtig kalt oder richtig heiß sein, findest du nicht auch? Nächste Woche fliege ich übrigens auf die Malediven, da haben wir eine Jacht gechartert: Tauchen, Hochseefischen – und dann die Unterkunft! Ein Inselhaus, mitten ins Meer hineingebaut.«

Und so geht das immer weiter.

Da hat Thomas den Salat: Er ist in einer Unterhaltung gelandet, die ihn nicht im Geringsten interessiert. Der Personaler ist ein echtes Arbeitstier und fährt fast nie in Urlaub. Trotzdem bleibt er im Gespräch und macht gute Miene zum bösen Spiel. Was er gerade denkt, hört zum Glück keiner:

Na klar, der fährt natürlich nur dahin, wo die Leute mit ihrem Geld gesehen werden wollen. Langsam nervt mich dieses arrogante Getue. Flacher geht's kaum. Kann der nicht über etwas Spannenderes reden? Aber eigentlich ist klar, in welchen Kreisen er sich wohlfühlt. Der trägt ja auch diese extravaganten Klamotten und zeigt immer auffällig seinen Montblanc-Füller.

Und was sagt der innerlich grollende Thomas zu Andreas' Traumurlaub auf den Malediven?

»Toll, da können Sie mal richtig entspannen. Vor ein paar Jahren erst haben wir auch Urlaub am Meer gemacht. Da wollten wir auch tauchen gehen, es hat aber zeitlich nicht geklappt, der Kurs war schon ausgebucht. Dann sind wir mit einem Schiff auf eine benachbarte Insel zum Schwimmen gefahren. Traumhaftes Wasser.«

In Wirklichkeit war Thomas vor zehn Jahren einmal an der Adria. Nicht um Urlaub zu machen, sondern auf einer firmeninternen Fortbildung. Das Schiff, von dem er sprach, war eher ein Wassertaxi und einen Tauchschein zu machen, darauf hatte er nie wirklich Lust. Aber unbewusst versucht er eben mit dem verhassten Sonnyboy mitzuhalten. Und während Andreas glaubt, ein angenehmes Gespräch zu führen, flucht Thomas innerlich immer weiter über diesen niveaulosen Typen.

Die Beziehungsebene bei dieser Unterhaltung stimmt hinten und vorne nicht. Zwei erwachsene Männer machen sich den ganzen Abend lang etwas vor. Muss das sein? Warum um alles in der Welt ist Thomas nicht in der Lage, sich aus dem Gespräch mit dem Kollegen, der ihn auch noch penetrant duzt, auszuklinken? » Nun ja, er denkt wie die meisten Menschen. »Man *muss* ja mit den Kollegen können!« Obwohl Thomas ein selbstständiger Mensch ist, empfindet er eine eigenartige Verpflichtung, nett zu Andreas zu sein. Dabei lässt er vollkommen außer Acht, dass er dem Marketingleiter kaum je über den Weg läuft. Ob er sich noch länger verbiegt oder aufsteht und geht, wird kaum Folgen für seinen Arbeitsalltag haben. Aber Thomas ist gründlich auf Harmonie gebürstet: Er scheut es, jemanden eventuell zu verletzen. Und wundert sich gleichzeitig, dass seine Laune immer weiter in den Keller geht.

So kommen Sie in Kontakt

Niemand ist Everybody's Darling! Dass manche Menschen Sie nicht gut riechen können, liegt in der Natur der Dinge. Mich persönlich hat es früher fast zerfleischt zu wissen, dass ich nicht bei jedem Seminarteilnehmer ankomme. Heute finde ich das selbstverständlich. Ein Mensch kann noch so populär sein, er wird trotzdem nie von allen geliebt werden. Wenn Ihnen das einmal klar ist, folgt der Rest quasi von selbst. Dann ist es völlig okay, wenn auch Sie nicht jeden mögen. Denn Kontakt zwischen Menschen ist keine Einbahnstraße, sondern beruht auf Gegenseitigkeit.

In meinem Bekanntenkreis gibt es eine Frau, die viele nicht leiden können. Mit ihrem Handy macht sie ständig Schnappschüsse von sich selbst und zeigt sie dann jedem. Die anderen sind genervt von der ständigen Knipserei und würden für die Dauer der Treffen am liebsten ihr Handy verstecken. Ich finde die Bekannte allerdings witzig, und manche ihrer Fotos sind gelungen. Sie hat ein Gespür für den richtigen Augenblick. Ich bin zwar der Einzige, der das so sieht, aber das ändert nichts an meiner Beziehung zu ihr. Denn ich wähle selbst, wen ich mag und wen nicht. Und ganz sicher werde ich nicht dem Gruppendruck nachgeben.

Das ist leicht gesagt, denken Sie jetzt vielleicht: *Wenn die Gruppe jemanden mag, ich aber nicht, muss ich mich dann nicht von meinen Freunden distanzieren?* Nein, überhaupt nicht. Sie müssen aber aushalten, dass Sie und Ihre Bekannten manche Dinge unterschiedlich sehen. Wenn Sie genau darüber nachdenken, fallen Ihnen bestimmt eine Menge Sachen ein, bei denen Sie und manche Ihrer Freunde verschiedener Meinung sind: der Lieblingssport, der beste Film des Jahres, politische Ansichten, Musik ... Sie haben vieles gemeinsam, aber es gibt auch viele Unterschiede. Ihre Freundschaft hält es mühelos aus, wenn Sie eine Person anders beurteilen als die Mehrheit in Ihrer Clique.

Wenn die Unterschiede aber so weit gehen, dass sie Ihnen Bauchschmerzen bereiten und die negativen Gefühle die Oberhand gewinnen, dann räumen Sie auf! Sie sind kein Sklave Ihrer Antipathien. *Sie* entscheiden, mit wem Sie sprechen wollen und mit wem nicht. Wen Sie als Freund haben und wen nicht. Mit wem Sie sich umgeben und mit wem nicht. Wenn es unter Ihren Bekannten einen Menschen gibt, den Sie partout nicht mögen, dann ziehen Sie einen Schlussstrich. Sie sind in der Situation wie der Personalleiter Thomas. Er hat zwei Möglichkeiten, mit Andreas umzugehen: ihm reinen Wein einschenken oder sich unauffällig zurückziehen. Für diese Variante könnte er sich mit folgendem Wortlaut elegant aus dem Gespräch entfernen: »Ich würde mich gern mit Ihnen noch länger unterhalten, aber ich bin noch mit unserem Netzwerk-Spezialisten Möhlmann verabredet, bitte entschuldigen Sie mich.« Das ist zwar gelogen, aber so verletzt er Andreas wenigstens nicht.

Die Wahrheit ist manchmal schmerzlich, sie klärt aber die Fronten. Eine Notlüge sendet kein klares Signal an Ihren Gesprächspartner, lässt sich aber ohne viel Aufwand jederzeit nutzen. Sie haben die Wahl.

Praxis-Tipp

Schaffen Sie für sich selbst klare Verhältnisse. Überprüfen Sie, welche Menschen an Ihrer Batterie zehren. Suchen Sie sich denjenigen heraus, der Sie am meisten belastet, und überlegen Sie, wie Sie die Beziehung noch heute beenden können. Entweder Sie sagen dieser Person klipp und klar die Wahrheit, oder Sie »schleichen« sich unauffällig davon und lösen so die Beziehung. Trennen Sie sich dann einfach von dem Zwang anzurufen! Wenn Sie zu diesem Menschen schon lange keinen Kontakt hatten, entscheiden Sie sich bewusst dafür, die Glückwünsche zum neuen Jahr oder zum Geburtstag zu »vergessen«. Und freuen Sie sich über  die Entscheidung, innerlich Schluss gemacht zu haben. Denn jetzt können Sie sich Zeit für die Dinge nehmen, die Ihnen wichtig sind.

6. Wer viel sagt, sagt wenig

So bringen Sie Ihr Gegenüber zum Reden

Wie erfahren Sie etwas über andere? Indem Sie Fragen stellen, klar. Die Wahrscheinlichkeit, auf eine konkrete Frage eine zufriedenstellende Antwort zu bekommen, ist hoch, wenn man sich nach dem Weg oder nach der Uhrzeit erkundigt. Will man mehr über eine Person erfahren, reicht es nicht, gezielte Fragen zu stellen. Vielleicht will Ihr Gegenüber gar nicht mit Ihnen sprechen. Dann nützt Ihnen auch ein ganzer Fragenkatalog wenig. Oder der andere ist ein zurückhaltender Typ und antwortet stets kurz und knapp. Dann müssen Sie sich etwas anderes einfallen lassen, als immer wieder nachzubohren und trotzdem nur »Ja« oder »Nein« zu hören. Wenn Sie wirklich verstehen wollen, wie der andere tickt, was er denkt und wie er fühlt, dann müssen Sie vor allem zuhören können.

Dabei gibt es ja Menschen, die reden wie ein Wasserfall. Sie beanspruchen nicht nur die größten Redeanteile in einer Unterhaltung für sich, sondern sprechen dabei auch über den anderen und erklären dessen Befindlichkeiten gleich mit. Sinnvoll für einen Austausch ist das nicht unbedingt, denn wer selbst viel redet, hat wenig Zeit zuzuhören. Außerdem ist der andere irritiert und fühlt sich in die Defensive getrieben. Irgendwann redet die Plaudertasche nur noch mit den Wänden. Auf der anderen Seite ist es gerade für Vielredner nicht leicht, wenn ihr Gegenüber den Mund nicht aufbekommt. Was in solchen Fällen hilft? Schauen wir einmal, wie es bei zwei Freundinnen in Berlin läuft:

> Szene: Die Berliner Single-Wohnung von Jessica. Die 27-Jährige ist Chefin eines Frisiersalons. Seitdem sie den Laden eröffnet hat, wohnt sie direkt an der Kneipenmeile Oranienburger Straße. In ihren zweieinhalb Zimmern liegen dicke Berberteppiche, darauf stehen Rattanmöbel und dazu ein Meer aus Pflanzen. Nach einem langen Arbeitstag liegt Jessica nun zufrieden in ihrer Eckbadewanne und blättert in den neuesten Modemagazinen. Da klingelt das Telefon.

In Momenten wie diesen gibt es zwei Gründe, warum wir trotz der ungünstigen Situation ans Telefon gehen. Entweder wir erwarten einen wichtigen Anruf – oder das Pflichtgefühl lässt uns zum Hörer greifen. Bei Jessica ist Letzteres der Fall. Aber vielleicht hat sie ja Glück und ihr Anrufer fragt sie zumindest, ob es gerade passt. Oder fasst sich kurz.

> »Jessica Finn am Telefon.«

> »Jessica! Hi, Tine hier. Du hast doch letztens mal erzählt, dass du mit deiner Kosmetikerin so unzufrieden bist, oder? Die, die da bei dir arbeitet. Du, ich war heute im Laden hier ums Eck. Hab mir das einfach gegönnt. Himmlisch, sag ich dir! Die Kosmetikerin kann ich dir echt empfehlen. Auch wenn du mit deiner mittlerweile zufriedener sein solltest, du hast da, glaub ich, mal erzählt, dass du wechseln willst, oder? Wie auch immer: Zu der, bei der ich heute war, musst du unbedingt hingehen!«

Tine und Jessica kennen sich aus dem Fitnessstudio. Einmal pro Woche trainieren sie zusammen, und manchmal gehen sie hinterher einen Kaffee trinken. Tine mag Jessica gern. Ihre Art erinnert sie an ihren letzten Freund – so still und in sich ruhend. Bürokauffrau Tine hingegen ist eine Labertasche vor dem Herrn. Und weil ihre letzte Beziehung unter anderem an ihrer aufgedrehten Redseligkeit zerbrochen ist, hat sie kürzlich in ihrer Firma an der Fortbildung »Das Einmaleins der Kommunikation« teilgenommen. Da hat sie gelernt: Wenn sie Antworten bekommen will, muss sie den anderen Fragen stellen. Im Moment will Tine jedoch gar keine bestimmten Antworten. Sie fühlt sich nur etwas einsam und sie möchte sich gern unterhalten. Aber Jessica sagt kein Wort. So hat Tine sich das Telefonat nicht vorgestellt. Also greift sie in die Seminar-Kiste und erhöht das Frageaufkommen in ihrem Monolog. Irgendwann muss Jessica ja anbeißen!

»Ich hab mir diesmal diese Hot-Stone-Massage gegönnt. Kennst du das? Du, das war der Hammer. Kennst du die Ayurveda-Massagen mit heißem Öl? Die sind prima, klar. Aber diese Hot-Stone-Sache ist der Kracher, sag ich dir! Soll ich dir die Adresse geben? Oder lieber per Mail schicken? Ist vermutlich besser, dann hast du sie schriftlich und kannst sie immer wieder abrufen.«

»Hm«, macht Jessica. Mehr nicht.

Tine übernimmt übergangslos: »Ach, und wann treffen wir uns wieder im Fitnessstudio? Ich geh da morgen hin. Startet diese Woche wieder um 18 Uhr, das BBP-Training, oder? Hat Tom uns ja letzte Woche gesagt. Übrigens: Hast du den Aushang gesehen, dass er kostenlos die Trainingspläne anpasst? Ich hab mir jetzt auch einen neuen machen lassen. Rat mal, was da anders ist! Ich sag's dir: Da geht's nicht mehr um Herz-Kreislauf, sondern um Muskeltraining. Vielleicht bist du ja skeptisch und fragst dich, ob das dann noch was bringt mit der Fitness, aber ich sag dir: Mit diesem neuen Plan fühle ich mich schon nach einer Woche besser!

Ach ja: Da läuft übrigens bald ein neuer Film mit der Roberts. Die mochtest du doch, nicht? Könnten wir ja mal reingehen, was meinst du? Ich fände das jedenfalls super. Aber mal was anderes: Ich texte dich hier die ganze Zeit zu, stimmt's? Bist du irgendwie sauer auf mich? Stör ich dich? Ich mein ja nur, weil du gerade so still bist. Sag doch auch mal was!«

»Ach nein«, sagt Jessica. »Ich bin nur gerade in der Wanne und ein bisschen müde. War heute etwas anstrengend im Geschäft.«

»Ach so – dann sag das doch gleich! Dann will ich auch nicht weiter stören! Ich ruf dann einfach später noch mal an, okay?«

Und – schwups – hat Tine aufgelegt.

Da sitzt sie nun, die Tine, allein in ihrer Küche und ist nicht schlauer als zuvor. Sie weiß nicht, ob Jessica ins Fitnessstudio kommt, und auch nicht, ob sie Hot Stone mag oder nicht. Und das, obwohl sie fast ein Dutzend Fragen und eine direkte Aufforderung zur Antwort in ihren Redestrom eingebaut hat. Zum Dialog ist es jedoch nicht gekommen. Und das hat einen ganz lapidaren Grund: Die ganze Zeit hat Tine selbst gesprochen. Klar, sie redet gern und hat eine Menge zu erzählen. Das ist Charaktersache und meist gar kein Problem. Aber bei diesem Telefonat hat sie Jessica gar nicht die Möglichkeit gegeben, ins Gespräch einzusteigen.

Zu Beginn hat Jessica noch darüber nachgedacht, was sie Tine zum Thema Hot Stone sagen könnte. Aber Tine hat ihr keine Gesprächspause eingeräumt, und bevor Jessica einen klaren Gedanken dazu gefasst hatte, war Tine bereits beim nächsten Thema. Und dann beim übernächsten. Und dann beim überübernächsten. Sie hatte Jessica schon lange abgehängt. Nicht weil Jessica eine lange Leitung hat und ihrer Fitness-Bekanntschaft nicht folgen kann, sondern weil sie gerade nicht in der Stimmung ist, draufloszuplaudern. In ihrem Beruf redet Jessica viel über Belanglosigkeiten, Small Talk ist ihr täglich Brot. Privat möchte sie sich aber tief gehend und in Ruhe unterhalten. Von Tines Redeschwall fühlt sie sich gerade erschlagen.

Was hätte Tine anders machen können? So einfach es klingt: Sie hätte nach der ersten Frage einfach schweigen sollen. Und so lange warten, bis Jessica für ihre Antwort bereit gewesen wäre. Pausen bringen Menschen zum Reden. Denn wenn der andere schweigt, ist die Bühne für sie frei und sie bekommen damit das Signal, dass sie das Wort haben. Lesen Sie Tines Monolog einfach noch einmal durch und markieren sich mit einem Stift die Stellen, an denen Pausen sinnvoll gewesen wären.

Und, wie viele Möglichkeiten haben Sie gefunden? Zwei, vier, acht? Alles in allem hat sie mindestens zehn Chancen verpasst, um etwas über und von Jessica zu erfahren.

So kommen Sie in Kontakt

»Reden ist Silber, Schweigen ist Gold«, lautet eine alte Weisheit. Und die trifft heute noch zu. Mit Stille und Ausdauer können Sie Berge versetzen. So wie der Vater, der seinen Sohn zur Rede stellt: Ob der Junge etwas ausgefressen hat, will der Vater wissen. Er stellt sich breitbeinig vor seinen Sohn, legt die Hände auf die Hüften und sagt nur einen Satz. »Wir haben da was zu besprechen.« Dann kommt eine Pause. Eine *lange* Pause. Eine sehr, sehr lange Pause. Hat der Sohn wirklich etwas angestellt, können Sie darauf wetten, dass er binnen einer Minute damit herausrücken wird. Weil sein schlechtes Gewissen mit jeder Sekunde der Stille steigt. Er wird sich immer neue Szenarien ausmalen, worauf der Vater wohl hinauswill – bis er es nicht mehr aushält und alles sagt, was ihm auf der Seele brennt. Einfach nur, weil der Papa geschwiegen hat.

In diesem Beispiel wird das Schweigen als Machtmittel eingesetzt, um Druck zu erzeugen. Einem fairen Dialog ist das natürlich nicht zuträglich. Diese Geschichte soll Ihnen nur zeigen, dass Pausen echte Wunder bewirken, wenn sie richtig eingesetzt werden. Und das können Sie sich für Ihre Ziele zunutze machen. Verabschieden Sie sich von dem Zwang, jede Gesprächslücke zu füllen! Machen Sie Pausen, um etwas über den anderen zu erfahren. Schweigen Sie dabei nicht nur nach jeder Frage, sondern manchmal auch nach einer Antwort oder Aussage. Sie werden überrascht sein, was nach einer scheinbar abgeschlossenen Äußerung noch alles auf den Tisch kommt – sofern Sie die nötige Geduld aufbringen. Denn in den Pausen passiert manchmal mehr als in der Unterhaltung. Die Dinge ordnen sich, lose Fäden verknüpfen sich. In Gesprächspausen beginnen wir wirklich nachzudenken. Und zum Denken benötigt das Gehirn Zeit.

Stellen Sie sich zunächst vor, jemand sagt Ihnen: »Ich trinke abends gerne Tee.« Und stellen Sie sich jetzt vor, er sagt: »Ich trinke …

… abends gerne Tee.«

Wenn ich in meinen Seminaren dieses Beispiel bringe, mache ich zwischen »Ich trinke« und »abends gerne Tee« eine extrem lange Sprechpause. So wie es die Absätze andeuten. Vielleicht gingen auch Ihnen beim Lesen verschiedene Gedanken durch den Kopf. Meine Teilnehmer jedenfalls bestätigen mir regelmäßig, dass sie während der Pause sofort an Alkohol dachten. Bei der ersten Variante wären sie niemals auf diesen Gedanken gekommen. Dazu hatte ich ihnen schlicht keine Zeit gelassen.

Probieren Sie die beiden Varianten in genau dieser Reihenfolge mit einem Partner aus. Sie werden von der Wirkung verblüfft sein.

Nutzen Sie die Pause, um selbst klare Gedanken zu fassen oder eine Beobachtung innerlich einzuordnen. Dann vergeht die Zeit der Stille wie im Flug. Und ohne, dass Sie es merken, ist schon ein spannender Dialog im Entstehen.

Pausen zu setzen erfordert Stärke. Den Mut abzuwarten, was von dem anderen kommt. Aber Sie bekommen viel Wertvolles zurück. Was können Sie tun, um sich zurückzunehmen? Rufen Sie sich immer wieder ins Bewusstsein, dass Ihr Gegenüber auch etwas zu erzählen hat.

Wie Sie am Ende eines Gespräches ermitteln, ob Ihnen der Schritt zum Dialog geglückt ist? Ganz einfach, ziehen Sie Bilanz. Wer hat mehr über wen erfahren? Ihr Gesprächspartner von Ihnen oder Sie von ihm? Ich wünsche Ihnen das Zweite. Denn dann sind Sie bereits ein Meister der Gesprächsführung.

Praxis-Tipp

Sie möchten mehr über einen Bekannten erfahren? Mit diesem Trick bringen Sie ihn zum Reden: Machen Sie eine Aussage und dann eine Pause. Halten Sie dabei Blickkontakt. Sagen Sie etwa: »Gestern hat der VfB Stuttgart in der Europaliga gewonnen.« Und dann warten Sie. Zählen Sie in Gedanken bis fünf. Wenn der andere noch nichts gesagt hat, verlängern Sie die Pause. Irgendwann sagt er vielleicht: »Ach ja? Ich muss zugeben, von Fußball habe ich nicht viel Ahnung.« Oder: »Oh, Sie sind Stuttgart-Fan? Ich stehe mehr auf Sankt Pauli.« Bringen Sie Geduld mit, dann werden Sie belohnt. Pausen sind übrigens meist dann wirkungsvoll, wenn sie Ihnen selbst zu lang vorkommen. Wenn die Stille beginnt, unangenehm zu werden, sind Sie auf dem richtigen Weg! Der Erfolg stellt sich ein, wenn Sie diesen Schmerz hinter sich gelassen haben.

7. Wie der andere tickt

Kommunizieren Sie typgerecht

Haben Sie den Film »Wer früher stirbt, ist länger tot« von Marcus H. Rosenmüller gesehen? Wenn Sie außerhalb Bayerns leben, wie die meisten Menschen auf dieser Welt, dann ist die Wahrscheinlichkeit gering. Die Mundart-Komödie war in Bayern ein Kinohit – überall sonst kaum gefragt. Niemand in Hamburg oder Berlin wollte diesen Film sehen. Und das ist kein Wunder. Wer den süddeutschen Dialekt nicht spricht und wer das stark vom katholischen Glauben geprägte Wertesystem der dortigen Landbevölkerung nicht kennt, versteht wahrscheinlich überhaupt nicht, was an diesem Film lustig sein soll.

Dieses Beispiel veranschaulicht ein verbreitetes Missverständnis zum Thema typgerechte Kommunikation: Viele glauben, sie müssten bloß besonders »authentisch« sein, sich typgerecht kleiden, ihren Gefühlen freien Lauf lassen und so reden, wie ihnen der Schnabel gewachsen ist – und schon würden ihnen die Herzen der Menschen zufliegen. Wer aber nur *seinem* Typ gemäß auftritt, übersieht, dass er mit einem *anderen* in Kontakt kommen will. Zu diesem anderen muss er eine Brücke bauen, zumindest dann, wenn die beiden nicht zufällig aus demselben Holz geschnitzt sind. Wer von seinem Bankberater eine Baufinanzierung will, sollte für das Gespräch vielleicht ein Hemd und ein Jackett anziehen, auch wenn ihm das bunte T-Shirt seiner Kultmarke viel besser gefällt. Bankberater mögen es nun mal seriös, warum es sich da unnötig schwer machen?

Eine oberbayerische Unternehmensberaterin erntete in Berlin einmal einen Lacherfolg, als sie ihre Präsentation über interkulturelle Kommunikation mit den nett gemeinten Worten begann, sie freue sich, heute zum ersten Mal in Berlin zu sein. Hätte sie sich mehr damit beschäftigt, wie ihr Publikum tickt, dann hätte sie als Aufhänger vielleicht eine Anekdote erzählt, die sie vor Kurzem in London, New York oder Mailand erlebt hat. Menschen in Millionenstädten sind nun mal stolz auf ihren urbanen Lifestyle und erwarten den auch bei anderen. Es genügt also nicht, *meinen* Typ glaubwürdig zu vertreten, sondern ich muss immer auch so kommunizieren, dass ich dem *anderen* gerecht werde. Und dazu muss ich wissen, wie der andere tickt und fühlt. Das gilt sogar im Urlaub, wie die folgende Szene zeigt.

Szene: Eine Pension am Gardasee. Auf dem kleinen Parkplatz vor dem Gebäude im italienischen Landhausstil stehen ausschließlich Autos mit deutschem Nummernschild. Auf der Sonnenterrasse hat sich bei Latte macchiato und italienischem Gebäck eine kleine Runde eingefunden. Einer hat gerade die erste Flasche Wein geöffnet. Man hört das fröhliche Gelächter bis auf den schmalen Fahrweg, der zur Pension führt.

Wer sich für Urlaub in einer Pension entscheidet, weiß, dass es dort anders zugeht als in einer anonymen Hotelburg. Die Gäste möchten untereinander in Kontakt kommen. Und das kann so seine Tücken haben, wenn unterschiedliche Persönlichkeiten aufeinandertreffen.

Auftritt Rüdiger und Beate, beide Ende 40, seit 14 Jahren verheiratet: Zentimetergenau parkt Rüdiger den blauen Mercedes Kombi auf dem letzten freien Parkplatz. Beate ist vorher schon ausgestiegen und hat sofort Blickkontakt zu den Gästen auf der Terrasse aufgenommen. Als Rüdiger den Motor abgestellt hat, beginnt er, im Auto aufzuräumen.

Schon an dieser kleinen Begebenheit zeigt sich die unterschiedliche Grundorientierung der beiden Ehepartner. Beate hat weder Augen für die schöne Landschaft noch interessiert sie sich dafür, wo das Auto Platz findet. Sie ist *menschenorientiert* und nimmt deshalb sofort die anderen Gäste in den Blick. Rüdiger dagegen registriert die anderen Pensionsgäste allenfalls am Rande und sieht dafür umso deutlicher, was noch zu tun ist: Koffer reintragen, einchecken, auspacken und so weiter. Er ist *aufgabenorientiert* und möchte erst mal in Ruhe alles erledigen, bevor er sich den anderen Gästen zuwendet und zum gemütlichen Teil übergeht. Schauen wir mal, wie Beate sich weiter verhält:

> *Hey, da ist ja schon super Stimmung!*, denkt sich Beate. »Hallo-o!«, ruft sie in Richtung Terrasse und winkt mit einer ausladenden Handbewegung. Die anderen winken zurück und bedeuten ihr, sich zu ihnen zu gesellen. Fröhlich lächelnd geht Beate durch den Garten zur Terrasse. »Ich bin Beate, Rüdiger, mein Mann, kommt gleich.« Die anderen Gäste stellen sich ebenfalls vor. Beate setzt sich und nimmt sich gleich mal ein Glas Wein. Die Unterhaltung geht weiter und Beate klinkt sich einfach ein.

Rüdiger wird tatsächlich gleich kommen. Aber gleich bedeutet für ihn eben nicht sofort ...

> Kaum angekommen, ist Rüdiger schon sauer. *Na super*, denkt er sich. *Da spule ich 900 Kilometer Autobahn runter und jetzt lässt sie mich alleine die Sachen ausräumen!* Systematisch packt Rüdiger das Auto aus und schleppt die Koffer in die Pension. Er meldet sich und seine Frau an, trägt das Gepäck aufs Zimmer und räumt seine Sachen in den Schrank. Er legt seine verschwitzte Kleidung ab, duscht, rasiert sich und zieht ein frisches hellblaues Poloshirt und eine beige Leinenhose an. Gut, dass er an das Reisebügeleisen gedacht hat und jetzt noch mal die Hose glätten konnte.

Es ist nicht so, dass Rüdiger sich für die anderen Menschen in der Pension nicht interessieren würde. Im Gegenteil, er freut sich auf einen netten Abend mit ihnen. Als aufgabenorientierter Mensch ist er bloß innerlich davon überzeugt, dass erst alles – für ihn – Notwendige erledigt werden muss. Und er will einen gepflegten Eindruck auf die anderen machen und ihnen nicht im zerknitterten und verschwitzten Hemd gegenübertreten. Daran ist nichts falsch, oder? Beate hat sich allerdings in der Zwischenzeit schon mit zwei der anderen Frauen für den nächsten Morgen zum Joggen verabredet.

> Eine Stunde später. Wie der Moderator einer Volksmusiksendung schreitet Rüdiger auf die Terrasse und lächelt. Jetzt ist er so weit. Jetzt möchte er sich gerne in die fröhliche Runde einklinken. Aber die anderen sind so in ihr Gespräch vertieft, dass sie ihn gar nicht beachten. Nicht einmal Beate merkt, dass ihr Mann sich am Rand der Terrasse in Pose gebracht hat.

> *Na, dann halt nicht*, denkt sich Rüdiger nach einer halben Minute und geht zum Auto, um die Windschutzscheibe von Insektenresten zu befreien. *So brauchen wir das morgen nicht mehr zu machen und können gleich los*, sagt er sich.

Mit dem aufgabenorientierten Rüdiger kann ich mich gut identifizieren. Immer, wenn ich von einem Seminar nach Hause komme, möchte ich am liebsten erst mal in Ruhe das Auto auspacken, alles wieder an seinen Platz bringen und mich umziehen. Doch damit habe ich meine Frau früher ganz schön verärgert. Sie sagte sich: *Der war eine Woche weg – hat der jetzt nichts Besseres zu tun, als sein Auto auszuräumen?* Also springe ich jetzt über meinen Schatten, setze mich als Erstes zu ihr auf die Couch und unterhalte mich mit ihr. Es ist ja auch wirklich egal, ob ich das Auto sofort auspacke oder in einer Stunde oder am nächsten Tag.

Jeder hat das Recht, sich seinem Typ gemäß zu verhalten. Niemand muss sich verbiegen. Aber wenn jemand anders ist als Sie, dann sollten Sie das aufmerksam wahrnehmen und sich fragen, wie Sie ihm ein Stück entgegenkommen und eine Brücke bauen können. Dann macht der Aufgabenorientierte auch mal eine Pause und kümmert sich um die Bedürfnisse des anderen. Mit meiner Frau habe ich da einen guten Kompromiss gefunden. Nur die Kleidung räume ich sofort aus dem Auto und hänge sie auf, damit sie nicht zu sehr zerknittert. Der menschenorientierte Typ schafft es im Gegenzug, auch mal einen Moment zu warten, bevor das Gespräch beginnen kann, wenn der andere erst etwas erledigen will.

So kommen Sie in Kontakt

Seien Sie anders, drücken Sie sich aus, leben Sie Ihre Persönlichkeit – aber beschäftigen Sie sich auch mit dem anderen! Fragen Sie sich, was Ihr Gegenüber für ein Typ ist, was er erwartet, was er sich wünscht und was er jetzt von ihnen braucht. Wir alle sind Menschen, aber es gibt nun einmal unterschiedliche Typen. Tiger, Löwe, Gepard und Hauskatze zählen alle zur Familie der Katzen – aber der Erste geht als Einzelgänger auf die Jagd, der Zweite sucht seine Nahrung im Rudel, der Dritte ist ein tagaktiver Sprinter und die Vierte lebt in matriarchalisch geprägten Strukturen. Während bei den Löwen das männliche Tier das Rudel führt, zeigt bei der Hauskatze die Mama, wo es langgeht.

Doch wie erkennen Sie, welcher Typ Ihr Gegenüber ist? Welche Typologie Sie hier anwenden, ist letztlich nicht so wichtig. Hauptsache, Sie beschäftigen sich vorurteilsfrei mit den Wünschen und Bedürfnissen, Vorlieben und Abneigungen des anderen. Beobachten Sie Ihr Gegenüber einfach genau: Wie verhält sich dieser Mensch in einer bestimmten Situation? Was macht er, was Sie niemals tun würden? So werden Sie schnell Muster erkennen. Ich habe zum Beispiel bei einer Grillparty einmal eine Soße hingestellt, deren Haltbarkeitsdatum seit kurzer Zeit abgelaufen war. Ich denke mir bei so was: Solange sie noch schmeckt und nicht übel riecht, ist sie nicht verdorben, der Blick auf das Haltbarkeitsdatum ist für mich überflüssig. Matthias, einer meiner Gäste, ist sehr faktenorientiert. Und so war ich nicht überrascht, dass er das Verfallsdatum sofort endeckte. Ich habe nur geschmunzelt und ihm gleich eine andere Soße gebracht. Ich wusste ja, dass er so tickt.

Praxis-Tipp

Wenn Sie ein noch besseres Gespür dafür entwickeln wollen, wie andere Menschen ticken und fühlen, dann gibt es dazu eine schöne Übung: Machen Sie einmal eine Woche lang jeden Tag etwas so, wie Sie es normalerweise nicht tun würden, sondern so, wie es Ihre Partnerin oder Ihr Partner, Ihr Kollege oder Ihr Nachbar oder wer sonst noch immer macht. Essen Sie einmal die obere Brötchenhälfte zuerst, gehen Sie ohne Regenschirm aus dem Haus, nehmen Sie die erste Stufe einer Treppe mal zuerst mit dem linken Bein, statt mit dem rechten, sehen Sie nach dem Essen erst fern und räumen Sie danach Geschirr in die Spülmaschine, kommen Sie ohne Krawatte ins Büro, beantworten Sie Ihre E-Mails sofort statt erst am Abend und so weiter. Sie werden erleben: Jeder tickt anders – und es ist gar nicht so  schwer, sich ein wenig auf den Takt eines anderen einzulassen.

TEIL 3

IN KONTAKT BLEIBEN

Beziehungen pflegen – das Prinzip der Selbstehrlichkeit

1. Eine seltene Gabe

Warum Sie zur Geltung kommen, wenn Sie andere gelten lassen

Sie wissen ja: Ob im Job, unter Freunden oder in der Partner-schaft – wer sich nicht »verkaufen« kann, verliert nach und nach sein Standing. Deshalb müssen Sie Ihren Chef, Ihre Freunde, ja sogar Ihren Partner immer mal wieder daran erin-nern, was sie an Ihnen haben.

Gut beobachtet! Unterschreib ich, denken Sie jetzt. Und wenn Sie ehrlich sind, werden Sie zugeben, dass Sie sich wie jeder Mensch Aufmerksamkeit und Wertschätzung wünschen. Es stärkt Ihr Selbstwertgefühl, wenn andere Ihre Leistungen aner-kennen und Sie sympathisch finden. Wenn Sie auch in der Lage sind, Ihre Erfolge selbst herauszustellen, ohne dass andere Sie loben, dann sind Sie ein autarker und selbstbewusster Mensch.

Ab und zu gern im Mittelpunkt zu stehen, ist menschlich und sogar gut. Genauso wie ein gesundes Selbstwertgefühl. Aber manchen Menschen reicht es nicht, ihre Erfolge zu prä-sentieren. Sie drängen sich in den Vordergrund und an den an-deren lassen sie kein gutes Haar. Doch wer das »Sich-Verkau-fen« mit »andere fertigmachen« verwechselt, der arbeitet völlig am Ziel vorbei. Wohin dieser Ego-Trip führt, zeigt folgende Begebenheit bei der Boxsport-Landesliga in Thüringen:

Szene: Direkt vor dem Ring, das Interview nach dem Sieg. Applaus, Scheinwerfer, Blitzlichtgewitter. Der Adrenalinspiegel sinkt, das Glücksgefühl ist dem

Landesmeister im Mittelgewicht noch immer ins Gesicht geschrieben. Den Meistergürtel in der Hand, stellt sich Max Helldorf der Reporterin. Die Zuschauer jubeln. Sprechchöre rufen seinen Namen.

Ein Turnier zu gewinnen, ist eine großartige Sache. Viel Anstrengung, Hoffen und Bangen und dann – der Triumph. Ein wahnsinniges Hochgefühl! Insbesondere, wenn der Sieg eher knapp war, wie bei Max. Aber jeder Gewinner weiß auch, wie es ist, auf der Verliererseite zu stehen. Schauen wir doch mal, welche Worte der neue Meister für seinen bezwungenen Kontrahenten findet:

Max strahlt über das ganze Gesicht und reißt immer wieder die Arme in die Höhe. Auf die Frage der Reporterin, wie er den Kampf empfunden hat, rattert Max ungeduldig los:

»Tja, der Bessere gewinnt einfach! Und ich war bei diesem Kampf einfach deutlich geschickter. Außerdem: Wer dauerhaft oben sein will, der muss viel investieren! Das hat mein Gegenspieler aus den Augen verloren. Der hat das Training vermutlich etwas schleifen lassen. Und in so einem Moment rächt sich das eben. Im Internet habe ich Fotos von ihm gesehen, der treibt sich andauernd im Rotlichtviertel rum. Kein Wunder, dass er keine Zeit hat für das Wesentliche!«

Mit der Presse zu reden, ist eine Sache für sich. Im Boxsport ist dann Showtime angesagt. Max aber hat den Bogen deutlich überspannt. Seine Kommentare sind respektlos, sogar Unterstellungen aus der untersten Schublade mischen sich darunter. Das lässt die Reporterin nicht unkommentiert durchgehen:

>Herr Helldorf, übertreiben Sie da nicht ein bisschen? Die Informationen aus dem Netz wollen wir außen vor lassen, es geht mir eher um die handwerklichen Aspekte des Kampfes. Zwischenzeitlich sah es schon so aus, als hätte Oliver Sie in die Bredouille gebracht. Bis kurz vor Schluss war der Kampf ja noch unentschieden!«

Aber Max schnaubt verächtlich:

>Also knapp war mein Sieg nicht! Ich wollte den Olli nur nicht so dumm dastehen lassen. Immerhin war er dreifacher Meister. War! Aber wenn er eine Revanche einfordern will, dann sollte er sich warm anziehen. Oder sein Glück doch lieber bei den alten Herren versuchen. Vielleicht hat er da noch eine Chance auf eine Platzierung. Aus der Profisport-Riege ist er jetzt endgültig raus!«

Max ist ein großer Stern am Boxsport-Himmel, aber wenn er jetzt nicht aufpasst, redet er sich um Kopf und Kragen. Er macht nicht nur seinen Gegner schlecht, er schmälert auch seinen eigenen Sieg. Wenn Oliver tatsächlich ein derartiges Weichei wäre, dann wäre auch ein Sieg über ihn nicht viel wert. Würde Max seinen Gegner mit allen seinen Stärken akzeptieren, würde auch *er* jetzt heller strahlen. Warum aber stellt er sich derart über seinen Gegner? Warum gibt er nicht zu, dass Oliver den Titel meisterhaft verteidigt hat – bis kurz vor Schluss? Jetzt, wo Max doch bereits gewonnen hat, kommt keiner mehr an ihn ran. Hören wir mal, was der neue Meister gerade denkt:

Was stellt diese Journalistin denn bloß für Fragen? Ich hab doch gewonnen! Warum will sie mir weismachen, der Olli hätte besser geboxt? Ich meine: Was soll ich denn darauf antworten? Als Landesmeister kann ich den Verlierer doch nicht loben! Dann würden alle denken, ich habe meinen Titel nicht verdient.

Dass Max nur gewinnen kann, wenn er seinen Gegner gelten lässt und wertschätzt, ist ihm anscheinend nicht klar. Es kann nur *einen* Gewinner geben, denkt er, also kann auch nur einer gut *geboxt* haben. Punkt und basta. K. o., Schluss und aus!

Im Ring fixiert Max seinen Gegner genau – und übersieht keinen einzigen Attacke-Versuch. Gerade hat er aber einen blinden Fleck. *Ich sag mal lieber nicht, dass der Olli eigentlich die bessere Taktik hat. Sonst mach ich mich ja selbst klein.* Aus diesem Gedanken spricht die pure Angst. Dass die vollkommen unbegründet ist, zeigt Mia Hassenzahn, eine Sportlerkollegin von Max. Die beiden wohnen im gleichen Haus und gehen öfter miteinander joggen. Auch Mia hat gerade ein Match gewonnen und wird bei den Nachrichten gleich nach Max eingeblendet. Mal schauen, was die Tennisspielerin über ihre Gegnerin zu sagen hat:

»Wahnsinn! Ich freue mich riesig! Dass ich gegen Hannah gewinnen würde, das hätte ich nie gedacht. Sie ist stark, sie ist schnell und sie ist die Beste im Training. Haben Sie ihre Aufschläge gesehen? Was bin ich gerannt, um die Bälle noch zu kriegen! So schnell war ich noch nie, da bin ich über mich selbst hinausgewachsen. In den letzten Monaten habe ich trainiert wie verrückt. Heute hat sich das ausgezahlt. Jetzt bin ich platt wie eine Flunder und kann nur noch eines sagen: Hannah, wir waren Spitze! Und haben ein tolles Match abgeliefert – hart, fair, schnell. Es hat mir riesig Spaß gemacht, mit dir zu spielen! Ich freue mich schon auf die Revanche in drei Wochen.«

Welcher Sieg wirkt auf Sie wertvoller? Der von Mia oder der von Max? Für mich kann es nicht eindeutiger sein: Mia hat Hannah öffentlich gelobt und damit indirekt auch ihren eigenen Sieg gewürdigt. Gerade *weil* die Gegnerin so gut gespielt hat, war Mias Leistung so groß. Dass sie sich öffentlich bei Hannah für die Herausforderung bedankt, macht sie außerdem zu einer sympathischen, fairen Sportlerin. Die Anerkennung von Hannahs Stärken schmälert Mias Leistung in keiner Weise. Im Gegenteil: Das macht deutlich, wie hart sie sich den Titel erkämpft hat.

Der schöne Nebeneffekt: Allen Zuschauern, die das Match verpasst haben, hat Mia mit ihrem Auftritt den Mund wässrig gemacht. *Ein hartes, faires, schnelles Spiel? Eine Neuauflage in drei Wochen? Oh, das muss ich unbedingt sehen!*, denkt der Tennisfan, der vor dem Fernseher sitzt. Und überhaupt: Wer ist dieses sympathische Energiebündel? Wer weiß: Vielleicht sind ja gerade auch ein paar Sponsoren und potenzielle Fans auf Mia aufmerksam geworden.

So kommen Sie in Kontakt

Sie möchten die Anerkennung Ihrer Freunde und haben das Gefühl, Sie stehen mit anderen in einem Wettbewerb? Denken Sie zurück an den Wahlkampf zwischen Barack Obama und Hillary Clinton. In den Umfragen erreichte Obama zusehends Höchstwerte, und das, obwohl er gegen eine starke Konkurrentin antrat. Seine bewegenden Reden einmal außen vor gelassen: Im Zusammenhang mit Hillary Clinton hat der Politiker zusätzliche Sympathiepunkte gesammelt. Nicht, indem er eine Schlammschlacht mit ihr begonnen oder Leichen aus dem Keller geholt hätte, sondern indem er sie gelobt hat. Indem er ihre Arbeit öffentlich gewürdigt und vor ihrer beeindruckenden Karriere den Hut gezogen hat. Erst danach hat er über sich gesprochen und deutlich gemacht, wo im Gegensatz zur Kontrahentin *seine* Stärken liegen. Und obschon er Clinton mit keiner Silbe abgewertet hat, ist Obama selbst die Nummer eins geworden. Warum? Weil er ihr und seinen Kritikern den Wind aus den Segeln genommen hat. Das ist nicht nur ein kluger Schachzug, es ist auch ein Zeichen innerer Größe.

Nun stehen Sie zum Glück nicht mitten im Wahlkampf, aber Sie möchten schon die Anerkennung Ihrer Mitmenschen spüren. Schneiden Sie sich eine Scheibe ab vom Auftritt des amerikanischen Präsidenten! Treten Sie zurück, betreiben Sie Understatement und zeigen Sie Wertschätzung für Ihr Gegenüber. Lassen Sie andere gelten, wird sich das langfristig positiv auswirken.

Aber Vorsicht: Verwechseln Sie Wertschätzung nicht mit Anbiederung! Loben Sie den anderen nicht bedingungslos, sondern nur dann, wenn er Sie tatsächlich beeindruckt. In diesem Fall wird es Ihnen auch leichtfallen, Ihre positiven Worte zu begründen. Nur wenn Ihre Wertschätzung ernst gemeint ist, kommt es bei Ihren Freunden gut an. Um Ihre Anerkennung auf den Punkt zu bringen, sehen Sie sich die Sache also genau an. Und sagen Sie dann *konkret*, worin das Gute besteht. Begründen Sie es! Das mag zuweilen eine Herausforderung sein, aber es ist zugleich eine Investition in die Beziehung zu Ihren Mitmenschen. Denn das, was Sie geben, bekommen Sie auch zurück – und nicht unbedingt von der Person, der Sie etwas gegeben haben, sondern oft von einem anderen Menschen.

Versuchen Sie es einfach: Beobachten Sie die Menschen um sich herum, finden Sie etwas, was Ihnen positiv auffällt, und bringen Sie Ihre Wertschätzung zur Sprache. Die Welt ist voll von großartigen Menschen: eine überdurchschnittliche Leistung, eine kluge Bemerkung, ein passender Haarschnitt usw. Im Zweifel geben Sie auch das Feedback, das Sie bekommen, weiter. Eine Kollegin bewundert Sie für Ihr elegantes Kleid? Loben Sie die Verkäuferin, die Sie beraten hat! Die Gäste äußern sich anerkennend über Ihr wohlerzogenes Kind, das ohne zu murren die Spülmaschine ausräumt? Geben Sie Ihrerseits das Lob weiter. Kurz, kommunizieren Sie, was Ihnen positiv auffällt. Sprechen Sie die betreffende Person direkt an und bringen Sie Ihre Wertschätzung für sie auch gegenüber Dritten zur Sprache. Die gelobte Person muss nicht immer dabei sein. Denken Sie an Mia, die vor der Kamera über die abwesende Hannah gesprochen hat. Sie werden sehen: So sichern Sie sich langfristige Sympathien.

Praxis-Tipp

Überlegen Sie, wer Sie in letzter Zeit mit seinem Verhalten oder mit seiner Leistung beeindruckt hat, und bringen Sie Ihre Anerkennung zum Ausdruck. Geben Sie der Person nicht direkt Rückmeldung, sondern sprechen Sie mit anderen Menschen *über* sie. Was Sie davon haben? Probieren Sie es einfach aus. Ihr Umfeld wird Ihre wertschätzende Art als sympathischen Charakterzug wahrnehmen und im Hinterkopf behalten. Sie werden überrascht sein, wie durch diese kleine Geste Ihr Ansehen bei den anderen wächst – und wie viel Spaß es macht, die Leistungen anderer offen anzuerkennen.

2. Die Vergleichsfalle

Sie müssen nicht besser sein als andere – nur anders

Denken Sie noch einmal an Ingo aus dem ersten Kapitel dieses Buches. Er hat sich nicht getraut, auf der Café-Terrasse eine Dame am Nebentisch anzusprechen. Ingo hat sich eingeredet, dass er für diese Frau als Freund oder Partner nicht gut genug sei. Er hat sein Leben mit dem der Tischnachbarin verglichen. Dabei kannte er die attraktive Maklerin gar nicht! Und er wusste nicht, dass sie ihn ganz anders eingeschätzt hatte als er sich selbst. So geht es vielen Menschen heute. Sie vergleichen sich ständig mit anderen und glauben, am Ziel zu sein, wenn sie nur überall ein bisschen besser sind.

Da schnappt die »Vergleichsfalle« zu – denn immer und überall besser sein zu müssen bedeutet Stress pur. Und was heißt hier überhaupt »besser«? Meistens sind es am Ende doch nur die eigenen Maßstäbe, an denen wir uns messen. Und die sind von den Prägungen unserer Vergangenheit bestimmt. Welche Kriterien die anderen anlegen, kann man in vielen Fällen gar nicht wissen. Man stellt bloß Vermutungen an und liegt prompt falsch. Untersuchungen belegen nämlich, dass Menschen das Einzigartige lieben und nicht das minimal Bessere.

Seltsam, beim Shoppen scheint uns das allen klar zu sein. Die wenigsten kaufen ein hochpreisiges iPhone, weil es für ihre Zwecke objektiv besser ist. Es ist einfach hip. Niemand entscheidet sich für eine teure mechanische Uhr aus der Schweiz, weil sie genauer ist als andere. Jede günstige Digitaluhr aus dem Kaufhaus geht in Wirklichkeit genauer. Die Einzigartigkeit macht diese Dinge begehrenswert! Früher waren braune Hühnereier kaum im Kühlregal zu finden. Diese braunen Eier waren daher teurer als weiße – nicht, weil sie besser schmecken, sondern nur weil sie seltener waren.

Wenn wir aber schon bei Markenprodukten so sehr darauf achten, was anders, einzigartig, einmalig ist, wie sehr gilt das dann erst für Menschen! Leider vergessen viele vor lauter Ehrgeiz, die Einzigartigkeit ihrer Persönlichkeit zum Leuchten zu bringen. Gerade im Berufsleben glaubt jeder, nur allzu schnell zu wissen, was »man« tun muss, um erfolgreich zu sein. Und tappt prompt in die Vergleichsfalle. So wie in der folgenden Szene die Bewerber bei einem großen Beratungsunternehmen.

Szene: Vorraum in einem schicken Bürogebäude in der Innenstadt. Ledersessel, viel Glas und Metall, moderne Kunst an den Wänden. Ein knappes Dutzend junger Männer und Frauen hat Platz genommen. Alle tragen Anzug mit Krawatte oder Kostüm. Die Atmosphäre ist angespannt.

Immer wieder beobachte ich, wie hoch die Erwartungen in Stellenanzeigen geschraubt werden. Da soll zum Beispiel eine Assistentin in einem kleinen regionalen Bauunternehmen fließend Englisch »in Wort und Schrift« können – obwohl sie in der Praxis lediglich ab und zu mal eine englischsprachige Internetseite verstehen muss. Am Ende spielen die Englischkenntnisse für die Entscheidung des Chefs gar keine Rolle, aber erst einmal sind alle Bewerber eingeschüchtert. Sie glauben von vornherein, nicht gut genug zu sein, und bewerben sich entweder gar nicht oder nur mit Bauchschmerzen. Dabei kommt es darauf an, mit der Persönlichkeit zu überzeugen und einen unverwechselbaren Eindruck zu hinterlassen. Wer Versagensangst hat und entsprechend angespannt ist, hat gleich schlechte Karten. So werden auch in einem Beratungsunternehmen die Hände der Bewerber immer feuchter, je näher das »Assessment-Center« – das Auswahlverfahren – rückt, zu dem sie alle erschienen sind. Nur ein Teilnehmer scheint da etwas mehr Gelassenheit an den Tag zu legen.

> Auftritt Dennis. Lässig kommt er in den durchgestylten Warteraum, grüßt entspannt lächelnd in die Runde, nimmt auf einem der Sessel Platz und sucht in seinem weißen MP3-Player nach einem Song. Er trägt edle Jeans, ein schwarzes Sakko und ein weißes Hemd ohne Krawatte – aber mit Manschettenknöpfen. Statt eines Aktenkoffers, wie ihn alle anderen Bewerber dabeihaben, trägt Dennis den Rucksack eines bekannten Modelabels.

Alle haben sich wie oben beschrieben gekleidet, weil sie glauben, dass künftige Berater des schicken Unternehmens so aussehen müssen. Bis auf Dennis. Was die anderen nicht wissen:

In ihren Anzügen und Kostümen sehen sie ganz schön verkleidet aus. Man merkt einfach, dass sie ihr Outfit nicht gewohnt sind. Es macht sie befangen. Dennis dagegen fühlt sich selbstbewusst und sicher: Das ist *sein* Stil!

Was geht in den Köpfen der anderen so vor?

Die da drüben, die kann bestimmt fließend Spanisch. Ich hätte meinen Kurs besser nicht abgebrochen.

Mann, da erzählt mir der Typ doch beim Reingehen, dass er nicht nur BWL, sondern auch noch Jura studiert hat. Und mit beidem war er mit 25 fertig. Dagegen hab ich wohl echt keine Chance mehr.

Was erzähle ich bloß, wenn die im Einzelgespräch wissen wollen, was ich in dem Dreivierteljahr gemacht habe, in dem ich meine Null-Bock-Phase hatte? Vielleicht, dass ich meine kranke Mutter gepflegt habe? Können die doch eh nicht überprüfen. Hoffentlich fragen die gar nicht erst!

Ha, eine handgefertigte Krawatte hat keiner hier! Das werden die bei mir sofort sehen. 130 Euro, aber gut angelegt.

Und was denkt Dennis gerade?

Heute ist ein guter Tag! War echt lieb von Patrick, einen Umweg zu fahren und mich hier vor der Tür abzusetzen. Bin echt mal gespannt, was die hier so veranstalten. Ach, ich hab ja sogar noch das kleine rote Ding in der Tasche. Mal sehen, vielleicht lässt sich damit was machen.

Ein bisschen besser sein wollen – oder anders. Mit den Gedanken bei den anderen sein und sich mit ihnen vergleichen –
oder bei sich selbst. Das unterscheidet Dennis und die übri-
gen Bewerber. Die eine oder andere Voraussetzung der Stel-
lenausschreibung erfüllt Dennis sowieso nicht, aber er sagt
sich: Daniel Küblböck, der an der RTL-Castingshow »Deutschland sucht den Superstar« teilnahm und 2003 überraschend
erfolgreich war, hätte sich sicher nie beworben, wenn er sich
im Vorfeld eingeredet hätte: *Ich kann doch gar nicht singen! Ich
hab gar keine Chance.* Aber er war eben anders als die anderen. Heute ist der ehemalige Hauptschüler erfolgreicher Mu-
siker und hat seine eigene Firma. Dennis findet so was er-
mutigend – obwohl er Daniel Küblböck eigentlich nicht
mag.

> Szene: Konferenzraum. Alle Bewerber sitzen aufge-
> reiht an einem Tisch. Ihnen gegenüber der Personal-
> chef und zwei seiner Assistenten.

Am Anfang steht eine Vorstellungsrunde. Als kleinen Test hat
jeder Bewerber rund 20 Sekunden Zeit, sich vorzustellen. Die
Amerikaner nennen so etwas auch »Elevator Pitch« – Sie haben eine kurze gemeinsame Fahrt im Aufzug lang Zeit, Ihren
(zukünftigen) Chef von Ihrem Projekt zu überzeugen. In der
Beispiel-Runde klingen die Beiträge ungefähr so: »Ich heiße
Markus Müller, habe Betriebswirtschaft studiert und zuletzt
ein Praktikum in der Geschäftsleitung bei einem international
aufgestellten Cateringunternehmen gemacht.« Dann ist Dennis an der Reihe.

> Dennis steht auf, holt eine rote Pappnase aus der
> Hosentasche, setzt sie sich auf und sagt: »Ich möchte

bei Ihnen außergewöhnliche Dinge tun.« Dann setzt
er sich wieder hin, nimmt die Nase ab und fügt
hinzu: »Und dabei ganz ernsthaft bei der Sache sein.
Ich bin Dennis Bork.«

Was glauben Sie? Hat Dennis durch seinen Auftritt bessere
oder schlechtere Chancen als die anderen? *Kommt auf die Firma
an*, denken Sie vielleicht. Kann sein. Aber entscheiden Sie
selbst: Wollen Sie einer in der Masse sein oder lieber der *eine*?
Vielleicht halten Sie das mit der roten Nase auch für reichlich
übertrieben? Lassen Sie mich Ihnen erzählen, wie ich darauf
komme. Ich war einmal bei einer Networking-Veranstaltung in
einem Business-Hotel, bei der 120 Teilnehmer tatsächlich nur
jeweils zehn Sekunden Zeit hatten, sich den anderen vorzustellen. Spätestens nach der 20. Kurzpräsentation vergessen Sie, was
die Leute gesagt haben, und können sie nicht mehr auseinan-
derhalten. Was also tun? Zufällig hatte ich in meiner Jackett-
Tasche noch eine rote Nase vom Red Nose Day, einer in
Deutschland vom Sender ProSieben initiierten Spendenaktion
für Kinder in Not. Als ich an der Reihe war, stellte ich mich auf
den Stuhl und setzte die Nase auf. »Wenn Sie außergewöhnlich
wirken wollen«, sagte ich und nahm dann die Nase wieder ab,
»und dabei seriös bleiben wollen, sprechen Sie mich an. Mein
Name: Spengler, Robert Spengler.«

Und – was soll ich Ihnen sagen? Niemand hat mich ausge-
lacht oder für verrückt erklärt. Dafür war ich anschließend geradezu von Leuten umlagert, die mit mir sprechen und meine
Visitenkarte haben wollten. Dabei fand ich die Idee mit der
Nase selbst gar nicht so toll. Aber es hat funktioniert! Denn es
kommt weniger darauf an, wie gut die Idee ist, um sich von
anderen abzuheben, sondern darauf, sich *überhaupt* zu unterscheiden. Wenn Sie überraschend sind, statt nur zu versuchen,

besser zu sein, bleiben Sie im Gedächtnis haften und die Leute kommen von ganz alleine auf Sie zu.

Übrigens: Ich kenne eine Reihe von Leuten, die noch nie eine Krawatte getragen haben. Egal zu welchem Anlass. Ich selbst tue das auch fast nie. Wer sagt denn, dass »man« in bestimmten Situationen eine Krawatte braucht? Eine schicke Jeans und ein schönes Sakko machen auch einen guten Eindruck – und die Krawatte lässt sich eben auch mal durch Manschettenknöpfe ersetzen. Überlegen Sie einfach, was zu Ihnen passt und wodurch Sie sich unterscheiden können. Sagen Sie sich: Ich möchte nicht einer von zehn sein. Ich möchte *der eine* von zehn sein.

So kommen Sie in Kontakt

Immer wieder werden Sie in die Situation kommen, etwas anzubieten, das – nüchtern betrachtet – weder besser noch schlechter ist als das Angebot anderer. Egal, ob Sie nun einen Job wollen, einen Auftrag oder einen Nachmieter. Oder ob Sie gern mit der neuen Kollegin zu Ihrem Lieblingsitaliener essen gehen wollen – und die genauso gut auch woanders und mit jemand anderem essen könnte. Die Lösung lautet immer: Ich muss das, was letztlich vergleichbar ist, anders präsentieren, um nicht vergleichbar zu sein. Dazu muss ich wiederum mein »Haus der Sicherheit und Gewohnheit« verlassen. Anpassung ist einfach – originell sein kostet immer ein wenig Mut. Aber es lohnt sich.

Dabei kommen Sie natürlich auch ganz ohne rote Nasen aus! Seien Sie einfach kreativ. Ich schenke gelegentlich Geschäftspartnern besondere Essiggurken aus Frankreich. Warum auch nicht? Kugelschreiber hat er schon genug. Laden Sie doch mal jemanden zum Essen ein – und gehen Sie dann gemeinsam zur Currywurstbude. Wer weiß, ob sich nicht dort die interessanteren Gespräche ergeben als im Sternelokal, sodass sich der Kontakt schnell vertieft.

Meine Seminarteilnehmer fordere ich manchmal auf, ein Pferd zu zeichnen. Da kommen meist die skurrilsten Gebilde raus. Ich hefte die ungewöhnlichste Zeichnung an die Wand. Daneben hänge ich ein Foto von einem Pferd aus einer Werbeanzeige. Dann frage ich: »Welches ist schöner?«, und alle sagen: »Das aus der Werbung.« Es ist das perfekte Pferd, ein wahres Prachtexemplar. »Okay, jetzt frage ich: Welches ist Ihnen sympathischer?« Dann heißt es immer: »Das selbst gemalte. Das ist einfach persönlicher und origineller.«

Merken Sie etwas? Es geht nie um Perfektion. Egal, ob beruflich oder privat – Sie kommen nicht in Kontakt, weil Sie *perfekt* sind. Perfekt können Sie gar nicht sein, denn das schafft kein Mensch. Sie kommen in Kontakt, weil Sie eine einmalige, unverwechselbare Persönlichkeit sind – und das anderen auch zeigen. Trauen Sie sich also, mehr von sich zu zeigen! Und hören Sie auf, sich zu vergleichen.

Praxis-Tipp

Trainieren Sie Ihre Kreativität. Überlegen Sie, was Sie anders machen könnten als alle anderen. Und dann tun Sie's! Sie stehen am Büffet? Dann rollen Sie die Schlacht von hinten auf und beginnen Sie mit dem Dessert. Ich garantiere Ihnen, Ihre Tischnachbarn werden Sie darauf ansprechen. Peinlich? Überhaupt nicht! Sagen Sie einfach: »Neueste Erkenntnisse der Ernährungswissenschaft haben gezeigt, dass das gesünder ist.« Oder geben Sie zu: »Ich habe keine Lust zum Anstehen, Salat kann ich auch später essen.«

Üben Sie diese Kreativitätstechnik in jeder Lebenssituation. Sie müssen ein Geschenk machen und finden nichts Passendes? Verschenken Sie doch mal ein Kilo Kartoffeln, dazu eine außergewöhnliche Karte mit dem Text »... damit Du gut durch den Winter kommst!« Die weiteren Glückwünsche sind dann wieder »seriös«. Mit den Kartoffeln bleiben Sie in Erinnerung, durch den restlichen Text bringen Sie Ihre Wertschätzung zum Ausdruck.

3. Fehler machen sympathisch

So geben Sie Schwächen zu, ohne schwach zu wirken

Jeder Mensch hat seine Schattenseiten. Wenn Ihnen Ihre Undiszipliniertheit auf die Nerven geht, Ihr Perfektionismus Sie manchmal lähmt oder Ihre Schlampigkeit für Chaos sorgt, dann möchten Sie vermutlich gar nicht darüber reden. Schwamm drüber, nächstes Thema. Sie motivieren sich schließlich, indem Sie sich auf die positiven Erlebnisse fokussieren. Und Sie wollen sich in Ihren Frust nicht hineinsteigern, schon gar nicht, wenn Freunde dabei sind. Das würde die Stimmung verderben und Sie kämen ganz schön schlecht weg. Oder?

Wenn Sie diesen Gedankengang nachvollziehen können, dann fragen Sie sich einmal ernsthaft: *Möchten Sie mit einem Superman befreundet sein, der immer alles richtig macht?* Meine Erfahrung ist da ganz anders: Schwächen lassen Menschen nicht klein erscheinen, sondern sympathisch. Manche Leute lieben wir sogar für ihre Schwächen. Was nicht bedeuten soll, dass sich jedes Fehlverhalten mit dieser Erklärung entschuldigen ließe. Wenn eine Schwäche Sie stört, können Sie daran arbeiten. Aber manche Unzulänglichkeiten sind ein Teil Ihrer Persönlichkeit. Die werden Sie vermutlich nie wirklich los, aber Sie können lernen, besser mit ihnen umzugehen und zu ihnen zu stehen, wo es nötig ist. Denn wer sich mit seinem kleinen Makel arrangiert hat, zeigt Stärke und wirkt äußerst sympathisch. Wer jedoch zu Lügen greift, um seine Schwächen zu verschleiern, der treibt sein Umfeld zur Weißglut – so wie Stefanie:

> Szene: Ein gemütliches Wohnzimmer in einer Altbauwohnung. Die Abendsonne scheint durch die halb geöffnete Balkontür und gibt dem Parkettboden einen rötlichen Farbstich. In der Mitte des Wohnzimmers steht ein schwerer Eichentisch, darauf ein Spielbrett mit einem schon aufgebauten Spiel. Um den Tisch: sieben Freunde und ein leerer Stuhl.

> Hausherr Christian dreht die Herdtemperatur herunter, damit die Pizza nicht verbrennt, die anderen studieren derweil die Spielanleitung.

Die Freunde warten auf Stefanie, ihre achte Mitspielerin. Genau genommen tun sie das schon über eine halbe Stunde. Endlich klingelt es an der Tür.

> Auftritt Stefanie: Abgehetzt, die Wangen gerötet vom Laufen und die Haare zu einem wilden Dutt gebunden, stürmt sie in das Zimmer, wirft Absatzschuhe

und Mantel in eine Ecke, lässt sich auf die Couch plumpsen und sprudelt los:

»Sorry! So ein Mist! Der Bus ist mir direkt vor der Nase weggefahren! Ich war ja schon da, als er kam, hab aber an der Bude noch Chips gekauft, die ich ja mitbringen sollte, und dieser unverschämte Busfahrer hat einfach nicht angehalten!«
Sie holt die Chipstüte aus ihrer Tasche und legt sie demonstrativ auf den Tisch, das gelbe Preisschild, das den Kauf an der Busbude belegt, nach oben.

»Der ist nur kurz langsamer geworden und dann einfach weitergefahren! Die vom Busverbund haben auch kein Pflichtgefühl. Nur weil keiner direkt am Bushäuschen steht, halten sie nicht an. Dabei bin ich pünktlich da gewesen! Ich hab noch gewunken, der Fahrer hat mich einfach ignoriert und stehen lassen. Oh Mann!«

Die Freunde zeigen sich von der Geschichte wenig beeindruckt. Ein paar verdrehen die Augen, Christian holt die Pizzableche aus dem Ofen, die anderen rutschen zusammen, Kai hält Stefanie ein Glas hin: »Schon klar. Können wir jetzt endlich anfangen?«

Da will Stefanie erneut von dem unverschämten Busfahrer anfangen, aber Christian drückt ihr energisch einen Teller in die Hand: »Ist gut jetzt. Iss einfach.«

Die Sache mit dem Busfahrer würde sie gern noch detaillierter auswalzen – so lange, bis ihr jemand signalisiert, dass er ihr glaubt. Aber niemand will Stefanie so recht zuhören. Offenbar kommt sie nicht das erste Mal zu spät.

Tatsächlich ist Stefanie für ihr mangelndes Zeitgefühl berüchtigt – und ebenso für ihre blumigen Ausreden. Sich zu verspäten, ist ihr höchst unangenehm. Sie weiß ja, dass ihre Freunde auf sie warten, aber es passiert ihr trotzdem immer wieder. Zugeben kann sie es allerdings auch nicht. Weil sie Angst hat, dass die Freunde sie dann vielleicht nicht mehr dabeihaben wollen. Weil sie die anderen nicht verärgern will. Und weil sie jedes Mal aufs Neue ernsthaft glaubt, dass sie es *dieses Mal* pünktlich schafft – und wieder scheitert. Von Stefanies inneren Kämpfen weiß die Clique nichts. Für sie steht fest, dass Stefanie den Ernst der Lage nicht erkennt. Denn jedes Mal redet sie die Dinge schön, schiebt die Schuld auf die Umstände und stiehlt sich so aus der Verantwortung. Dass Stefanie mit ihrer Unpünktlichkeit hart kämpft, daran haben die Freunde noch keinen Gedanken verschwendet. Schauen wir, wozu das führt:

Noch immer sitzen die Freunde am Spieltisch, da klingelt Stefanies Handy. Sie schaut auf das Display und sagt: »Meine Mutter, ist ganz wichtig, nur zwei Minuten, okay?« Stefanie steht auf und geht in Richtung Flur.

»Okay«, sagt Christian resigniert, »hängen wir eine Null dran und machen in 20 Minuten weiter. Noch jemand einen Kaffee?«

Stefanie, die den Anruf bereits angenommen hat, dreht sich fassungslos nach Christian um und sucht in den Gesichtern ihrer Mitspieler nach einem Einzigen, der dem Gastgeber widerspricht. Niemand tut es. Stattdessen erntet Stefanie weitere genervte Blicke.

Jetzt ist Stefanie den Tränen nahe. Und ihre Freunde sind, aller Zuneigung zum Trotz, kurz davor, endgültig die Geduld zu verlieren. Dabei hätte Stefanie einfach sagen müssen, was sie wirklich denkt: »Ja, verdammt, ich bin wieder zu spät. Sicher seid ihr jetzt stinksauer, ihr wartet ja schließlich schon eine halbe Stunde. Mir tut das leid. Ich weiß, es liegt an mir, und glaubt mir, ich arbeite dran. Ich gebe mir riesige Mühe, zeitig genug loszulaufen, und komme mir selbst blöd vor, wenn es doch wieder danebengeht. Manchmal gelingt's mir immerhin, das ist mein Hoffnungsschimmer.«

Mit einer solchen offenen Reaktion hätte Stefanie sich nichts vergeben. Ihre Freunde *wissen* ja, dass ihre Geschichten von verspäteten Bussen, ausgefallenen Bahnen, vergessenen Haustürschlüsseln, stehen gebliebenen Uhren oder Katastrophenanrufen, »als sie schon halb in der Tür stand«, nicht ganz so stimmen können, wie Stefanie sie erzählt. Sie laden sie trotzdem weiterhin zu den Spieleabenden ein. Klar ärgern sie sich über Stefanies Unzuverlässigkeit. Aber noch mehr nervt sie, dass sie nicht dazu steht.

So kommen Sie in Kontakt

Stehen Sie zu Ihren Schwächen! Denn Fehler sind menschlich. Und das ist nicht umsonst ein geflügeltes Wort. Sie machen Sie authentisch, einzigartig, liebenswert. Wenn Sie anderen gegenüber einen Fauxpas eingestehen, dann vertrauen Sie ihnen etwas an und kommen ihnen näher. Daran ist nichts Verwerfliches, im Gegenteil: Es bringt Sie in Kontakt!

Das Wort »Schwäche« ist in unserem Sprachschatz ja in manchem Zusammenhang auch positiv belegt: »Ich habe eine Schwäche für Schokolade!« oder »Ich habe eine Schwäche für dich!«. Für solche Gefühle muss sich niemand schämen. Falls es Ihnen schwerfällt, Schwächen zuzugeben, dann hilft Ihnen das vielleicht, Ihre Einstellung zu ändern. Gerade Ihre kleinen Eigenarten machen Sie besonders und sie bleiben bei Ihren Bekannten weit länger im Gedächtnis als Ihre Glanzleistungen und Heldentaten. Das ist auch das Prinzip, nach dem Frauenzeitschriften und Boulevardblätter funktionieren: Da wird nicht nur über die Erfolge der Prominenz gejubelt, sondern da werden mit Lust ihre Schönheitsmakel aufgedeckt. Wer hat bei der Oscar-Verleihung das unpassendste Kleid getragen? Wer hatte die schlechteste Frisur? Und welches Paar durchlebt aktuell ein Liebesdrama? So wurde auf dem eigentlich gelungenen Hochzeitsfoto des englischen Traumpaars Kate und William das winzige violette Stofftierchen eines Blumenmädchens entdeckt, der Bildausschnitt wurde herausvergrößert und man recherchierte, wie das farblich unpassende Teil auf das Foto kam. Solche Meldungen sorgen für Auflage, weil die Menschen sie gern lesen. Niemanden interessiert eine Headline wie diese: »Die perfekte Heidi Klum hat schon wieder alles richtig gemacht!« Stünde da aber: »Heidi hängt Model-Karriere an den Nagel: ›Ich nasche einfach zu gern!‹«, dann gehe ich jede Wette ein, dass viele weiterlesen würden, auch wenn sie sich generell nicht für Heidi Klum interessieren.

Vor ein paar Jahren habe ich vor Teilnehmern ein Seminar gehalten. Auf meine Aufforderung »Bitte adaptieren Sie jetzt die Idee an Ihr Berufsfeld« blieb es einige Sekunden still im Raum und ich blickte in ratlose Gesichter. Schließlich hob jemand die Hand und fragte: »Herr Spengler, was meinen Sie denn mit ›adaptieren‹?« Manche guckten von oben herab, nach dem Motto »Wie, der weiß das nicht?«, aber als ich mich dann erkundigte, ob überhaupt jemand mit der Aufgabenstellung etwas anfangen konnte, meldete sich kein Einziger. Am Ende waren alle froh, dass es den *einen* gab, der sich nicht zu schade war, seine Unwissenheit zuzugeben. Mal ganz ehrlich: Wer ist in solchen Situationen der Starke? Der, der fragt, oder der, der schweigt? Der, der eine kleine Schwäche zugibt, oder der, der den Allwissenden mimt?

Anne Will oder Frank Plasberg machen es in ihren Talkshows übrigens wie mein Seminarteilnehmer. Wenn einer der Studiogäste Fremdwörter oder Fachbegriffe benutzt, kommt prompt eine Aufforderung im Stil von »Erklären Sie mir mal: Was meinen Sie mit ›behaviour‹?« Die Moderatoren sagen nicht: »Erklären Sie das mal für unsere Zuschauer!«, sondern: »Erklären Sie das *mir*!« Das macht sie sympathisch und bringt ihnen Anerkennung ein. Die sind im Fernsehen und haben den Mumm, sich unwissend zu stellen!

Stehen Sie also zu Ihren Schwächen, denn Sie können nur gewinnen! Wenn Sie sich damit noch nicht anfreunden können, rufen Sie sich ergänzend Ihre Stärken in Erinnerung. Sie sind unpünktlich, okay. Aber dafür sind Sie kreativ und unternehmen viel. Dass Sie deshalb manchmal das Zeitgefühl verlieren, ist nur die andere Seite der Medaille. Ganz und immer perfekt ist schließlich niemand. Nicht einmal Ihre Freunde. Also grämen Sie sich nicht über kleine Patzer. Mit ein bisschen Geschick werden aus Ihren Mängeln sogar echte Pluspunkte. Denn jede Schwäche, die Sie zugeben, können Sie nutzen, um Ihr Gegenüber aufzuwerten. Sie sind ein hoffnungsloser Chaot? Dann machen Sie das Beste daraus, indem Sie Ihrem Kollegen sagen: »Du weißt ja, ich bin ein fürchterlicher Chaot! Kannst du mir helfen und alles gleich sortiert und abgeheftet versenden? Ich werde dafür nächste Woche die Präsentation bei der

Marketingabteilung übernehmen.« Damit haben Sie nicht nur Pluspunkte gesammelt, sondern eine unliebsame Zusatztätigkeit auf charmante Art umgangen. Meisterhaft!

Praxis-Tipp

Mit Ihrer größten Schwäche werden Sie sicherlich fast täglich konfrontiert. Machen Sie sich diesen Schwachpunkt bewusst. Und sobald er wieder erkennbar wird, thematisieren Sie ihn bei Ihren Gesprächspartnern. Nur wenn Sie Ihren Makel akzeptieren, können Sie und Ihre Mitmenschen lernen, damit umzugehen. Entdecken Sie also Ihre Schwächen und freunden Sie sich mit ihnen an. Ihr Umfeld wird es Ihnen danken und Sie machen sich damit das Leben leichter.

4. Herzliche Hartnäckigkeit hilft

Wie Sie verkorkste Beziehungen wieder ins Lot bringen

Manchmal läuft eine Kontaktaufnahme von Anfang an schief. Der neue Kollege im Büro? Unsympathisch von der allerersten Begegnung an! Die Nachbarin, die letzte Woche eingezogen ist? Bollert mit dem Besenstiel gegen die Decke, nur weil das Baby nachts geschrien hat. Da ist der Drops gelutscht und fortan eisige Stimmung im Hausflur angesagt. Der Busfahrer, mit dem man jeden Morgen zur Arbeit kommt, fährt einem vor der Nase weg, obwohl er sieht, dass man gerannt ist wie der Teufel. Das verzeiht man dem nie! Aber am allerschlimmsten ist der Paketbote! *Immer* kommt er, wenn man gerade in der Arbeit ist. Und *nie* gibt er das Paket beim Nachbarn ab! Da hilft kein Bitten und kein Betteln, keine Briefe und kein Zettel. Wahrscheinlich läutet er nicht einmal. Eine andere Erklärung kann es nicht geben.

Sicher kennen Sie solche Situationen, in denen Sie am liebsten laut losbrüllen würden: »Das ist doch einfach nicht wahr!« Sie stehen fassungslos und zornig da – und wissen sehr wohl, dass Sie im Recht sind. Und weil Sie nicht einfach zuschauen wollen, wie andere Sie demütigen, ziehen Sie die Konsequenz und sprechen am besten gar nicht mehr mit ihnen.

Aber die Sache hat einen Haken. Diese Menschen sind Teil Ihres Lebensumfeldes. Und sei es nun öffentlich, geschäftlich oder privat: Sie können den Kontakt zu ihnen nicht vermeiden. Sie werden also immer wieder mit dem Quell Ihres Unmuts konfrontiert. Und so steigert sich der innere Widerstand Tag für Tag, Woche für Woche, Jahr für Jahr bis ins Groteske. Richter und Anwälte können ein Lied davon singen. Denn manchmal geht die Wut so weit, dass man sich vor Gericht wiedersieht.

Hand aufs Herz: Ist es das wert? Die Küche im Büro von neun bis zehn zu meiden, weil Sie wissen, dass das der Zeitraum ist, in dem Kollege Hähnel sich seinen Morgentee bereitet? Bei jedem Gang durch den Hausflur schlechte Laune zu bekommen, wenn Sie an der Tür von Frau Karlsson vorbeigehen? Mit hochrotem Hals über die Post zu fluchen, bis der Arzt kommt? Und im Bus immer hinten einzusteigen, um den Fahrer nicht grüßen zu müssen? Das Leben könnte viel angenehmer sein, wenn Sie derart verkorkste Beziehungen in den Griff bekämen. Und zum Glück ist das gar nicht so schwierig. Ein Lächeln von Herzen und Hartnäckigkeit helfen, derlei negative Schwingungen ein für alle Mal aus Ihrem Leben zu verbannen. Sehen Sie sich deshalb einmal an, wie solche Situationen entstehen und wie Sie sie lösen können.

Szene: Eine Mietshaussiedlung, vor acht Jahren gebaut. Der weiß gestrichene Rauputz im Hausflur kontrastiert elegant mit den Türen aus Nussbaumfurnier. Im Erdgeschoss hat jemand einen Kranz mit Schleifen um den Türspion drapiert, auf den Fensterbänken stehen Blumentöpfe und in jeder Etage ein kleiner Schuhschrank vor der Tür.

»Mensch, das ist ein richtig nettes Haus«, sagt Lars, der seinem Kumpel Peter gerade beim Tragen hilft. Dessen Freundin Sandra hat sich einen neuen Kühlschrank gekauft, und da der Aufzug defekt ist, müssen die Männer ran. Auf halber Höhe zum zweiten Stock stellt Lars das Gerät ab und wischt sich den Schweiß von der Stirn.

»Warte«, sagt Peter, läuft schnell in Sandras Wohnung, holt ein Handtuch und reicht es Lars. Nachdem sie sich die Hände abgewischt haben, hängt Peter das Tuch mit Todesverachtung in den Augen über den Schuhschrank der Wittes im zweiten Stock. »Jetzt können wir weiter!«, sagt Peter entschlossen.

Dass etwas nicht in Ordnung ist zwischen Peter und seinen Nachbarn, muss Lars gar nicht erst erfragen – Peters Gesicht spricht Bände. Und sein Unmut steigt weiter, als nun die 68-jährige Frau Witte mit Kostüm und Hut die Tür öffnet. Sie lüpft das Handtuch, nimmt ein Paar Stiefel aus dem Schrank und stellt ihre Hausschuhe hinein.

»Guten Tag«, sagt Frau Witte etwas steif.

»Hallo«, knurrt Peter und schaut nicht einmal richtig hoch zu ihr. »Los, Lars – noch anderthalb Stockwerke, dann sind wir oben!«

Frau Witte schaut noch einen Moment zu den beiden Männern herunter und lächelt Lars vorsichtig zu: »Immer schön langsam, junger Herr. Nicht dass Sie sich verheben.«

»Keine Sorge«, sagt Lars.

Peter zieht so schnell wie möglich an seiner Nachbarin vorbei, Frau Witte schließt die Tür mit einem deutlich vernehmbaren Knall.

Gefühlt ist die Temperatur im Hausflur um mindestens fünf Grad gesunken. Lars ist sprachlos – so miesepetrig kennt er seinen Kumpel gar nicht. Nach getaner Arbeit, als sie zu dritt bei einem Kaffee in Sandras Küche sitzen, stellt Lars den Freund zur Rede:

»Sag mal, Peter: Was ist denn da los zwischen dir und dieser Nachbarin? Die macht doch eigentlich einen ganz netten Eindruck!«

»Ach, die Witte! Die hat der Sandra ihren Schuh-schrank kaputt gemacht! Hat sich von ihrem Sohn irgend ein Möbel-Ungetüm auf den Dachboden schleppen lassen und – ratsch – war da eine tiefe Kerbe in Sandras neuem Schrank. Hat sich noch nicht mal entschuldigt, die Witte! Und jetzt macht sie dir gegenüber einen auf gutes Wetter. Die ist doch nur rausgekommen, um einen blöden Spruch abzulassen! Dachte vermutlich, wir wollten uns jetzt rächen!«

Sandra nickt: »Wenn ich die schon sehe, bekomme ich Pickel.«

Peter ist auf hundertachtzig. Er und Sandra sind sich einig: Was von Frau Witte kommt, kann nur böse sein. Selbst wenn sie ihnen ihre Hilfe angeboten hätte, hätte das Paar es vermutlich als Affront aufgefasst. Eine vollkommen festgefahrene Situation. Doch Lars ist da anderer Meinung. Und er gibt nicht so schnell auf:

»Dass euch das mit dem Schrank geärgert hat, verstehe ich. Wann war das denn?«, will er wissen.

Sandra und Peter überlegen kurz: »Vor vier Jahren etwa«, kommen sie schließlich überein.

»Vor *vier* Jahren? Und da giftet ihr euch *heute* noch an? Ist das nicht supernervig? Ihr wohnt doch schließlich in einem Haus! Das kostet total viel Energie. Also, ich an eurer Stelle würde das richten. Einfach mal freundlich grüßen, dann legt sich das schon wieder.«

Aber mit diesem Rat stößt Lars auf taube Ohren.

»Hab ich doch schon versucht!«, poltert Sandra. »Hab sie angelächelt und freundlich Guten Tag gesagt. Die hat nur zurückgebrummt. Das mach ich nicht noch mal! Ich mach mich doch nicht zum Idioten vor dieser Frau! Aber weißt du was, Lars? Mir ist das auch egal. Soll sie doch giften. Wir stehen da drüber, nicht wahr, Peter?«

Die beiden meinen, die Situation im Griff zu haben. Doch dafür regen sie sich ganz schön auf. Drüberstehen? Nein, sie stehen seit vier Jahren mittendrin. Und ihr Leben wird dadurch nicht angenehmer. Statt sich mit ihrem Besuch über schöne Dinge zu unterhalten, schimpfen sie seit einer geschlagenen Viertelstunde über die Nachbarin. Und Frau Witte? Werfen wir doch einmal einen Blick in ihre Wohnung ein Stockwerk tiefer. Da sitzt sie gerade mit ihrem Mann am Küchentisch:

»Heiner, du glaubst es nicht! Der Freund von der Hellenberger oben rechts, der hat gerade mit einem jungen Mann einen Kühlschrank hochgetragen. Und weißt du, was er gemacht hat? Ein Handtuch über unseren Schuhschrank gelegt!«

»Ist doch nett von ihm«, findet Herr Witte. »Dann zerkratzt er nicht.«

»Dachte ich erst auch. Aber vielleicht ist es wieder einer dieser Streiche und er will uns nur an die Geschichte mit dem Schuhschrank erinnern.«

»Aber Elsbeth, das ist doch schon Jahre her. Und
du hast ja auch versucht, dich zu entschuldigen,
aber ...«

»... das wollten sie nicht hören. Weiß ich. Und es ist
lange her. Weiß ich auch. Und da dachte ich, ich
schau mal raus. Wollte mich eigentlich bedanken für
seine Rücksichtnahme. Aber der hat mich keines Bli-
ckes gewürdigt! Sein Helfer, der war ganz nett, aber
der Freund von der Hellenberger, der hat mich nur
angeknurrt. Wie immer. Ich sag dir, Heiner: Das war
ganz genau so, wie ich mir das gedacht habe. Das
war nur eine Retourkutsche. So nach dem Motto
›Wir passen ja auf. Im Gegensatz zu Ihnen!‹ Aber
weißt du was? Die Hellenberger und ihr Freund, die
können mir mal gestohlen bleiben! Die sind ja selbst
schuld. Wenn die das so weitertreiben wollen, bitte
sehr. Können sie haben!«

Da haben wir ihn also: Den Paradefall einer verkorksten Beziehung. Beide Parteien befinden sich in einer Sackgasse, und
wenn keiner etwas tut, werden sie noch weitere Jahre ihrer Le-
benszeit so weitermachen. Wie es überhaupt so weit gekommen ist? Drehen wir die Zeit doch mal drei Jahre zurück. Da
war der Zwischenfall mit dem Schrank auch schon ein Jahr
her:

Szene: Ein grauer Regentag, die Mülltonnen der
Wohnsiedlung quellen über. Sandra begegnet Frau
Witte beim Müllrausbringen. Sie hält ihr die Tür auf
und fixiert dabei einen Punkt irgendwo auf der
Haustreppe. Dann gibt sie sich einen Ruck und

schaut hoch. Ihre Körperhaltung ist angespannt, ihr Blick trifft Frau Witte nur kurz, ihr Lächeln wirkt eher wie eine Ohrfeige.

»Guten Tag!«, sagt Sandra süffisant. Ihr Gruß klingt nicht so freundlich, wie er soll – und keine zwei Sekunden später stürmt sie die Treppe hinauf.

Was ist passiert? Sandra hatte sich vorgenommen, den Streit über den Kratzer beizulegen, aber im Grunde war sie davon nicht wirklich überzeugt. Ihr Lächeln kam nicht von Herzen – und das hat Frau Witte sofort gespürt. Zuerst war sie von Sandras plötzlichem Sinneswandel irritiert. Das Verhältnis zwischen den beiden war schließlich ein ganzes Jahr lang eisig gewesen. Während Frau Witte noch überlegte, wie sie auf Sandras Gruß reagieren sollte, hatte diese schon das Weite gesucht. Für beide Seiten war der Fall klar: für Sandra, dass die undankbare Frau Witte ihr ihre Freundlichkeit nicht dankt – und für Frau Witte, dass Sandras Friedensangebot nicht ernst gemeint war.

Vergleicht man diesen Versöhnungsversuch mit der heutigen Begegnung, kommt Frau Witte auch nicht besser weg. Sie hatte zwar *vorgehabt*, sich bei Peter für das Abdecken des Schrankes zu bedanken, aber sie hat es *nicht getan*. Mit den netten Worten an Lars hat sie zwar versucht, eine Brücke zu bauen. Aber auch sie hat Peter keine Zeit gelassen zu reagieren. Schon nach wenigen Sekunden ließ sie die Tür zufallen. Denn in Wirklichkeit hatte sie Peter schon im Vorfeld misstraut.

Beide Seiten haben einander nicht verziehen. Und beide überbieten sich gegenseitig mit ihrer schlechten Laune. Obwohl sie meinen, sie hätten *alles* getan, um Frieden zu schaffen. Und genau genommen geht es ihnen schon lange nicht mehr um den Kratzer. Sandra hat ihren Schuhschrank schon vor einem Jahr gegen ein anderes Modell ausgetauscht.

So kommen Sie in Kontakt

Sie hatten Streit mit einem Freund oder Kollegen? Ihre Beziehung ist festgefahren und zehrt an Ihrer Energie? Auch wenn Sie wissen, dass Sie im Recht sind: Machen Sie einen Schritt zurück und betrachten Sie die Situation von außen. Wie sieht die Szene aus, wenn Sie sie unbefangen betrachten? Meine Erfahrung zeigt: meist viel harmloser als gedacht. Machen Sie sich das klar und gehen Sie den nächsten Schritt. Versetzen Sie sich nur für eine Minute in die Haut Ihres Gegners. Was denkt er? Warum ist er unfreundlich zu Ihnen? Warum hat das Ganze überhaupt angefangen? Wenn Sie diese Übung ernst nehmen, durchbrechen Sie den Teufelskreis und damit auch Ihr eingeübtes Verhaltensmuster.

Sie wissen jetzt, an welchem Schräubchen Sie drehen müssen, um den Kreislauf des Ärgers zu durchbrechen? Dann gehen Sie aktiv auf den anderen zu! Aber erwarten Sie beim ersten Versuch nicht gleich ein Wunder. Einen Kratzer im Lack Ihres Autos haben Sie in Bruchteilen von Sekunden verursacht. Die Reparatur benötigt allerdings Stunden. Genauso ist es mit den zwischenmenschlichen Beziehungen: Ein einziges Lächeln nach vier Jahren Eiseskälte macht noch keinen Sommer. Bei lange schwelenden Konflikten gilt: Steter Tropfen höhlt den Stein. Fangen Sie klein an – und erhöhen Sie dann kontinuierlich die Dosis. Bis endlich der Knoten platzt und Sie statt eines verkniffenen Gesichtsausdrucks ehrlich gemeinte Urlaubswünsche von Ihrem »neuen Freund« bekommen. In unserem Beispiel könnte Sandra es so anpacken: Erst ein Lächeln. Dann ein freundliches »Hallo«, dann ein »Hallo, Frau Witte«. Und dann könnte sie einmal anbieten, Frau Wittes Müll mit zur Tonne zu nehmen. So lässt sich die Nähe wieder aufbauen und langsam steigern. Frau Witte gewinnt zunehmend Vertrauen und merkt Schritt für Schritt: »Da steckt keine böse Absicht dahinter, offensichtlich hat die Hellenberger mir verziehen.« Ist erst mal die Beziehung wieder im Fluss, kann sich daraus auch noch einen Aussprache ergeben. Frau Hellenberger: »Wissen, Sie, das mit dem Schuhschrank damals hatte mich so geärgert. Heute denke ich mir, das war doch nur eine Lappalie!« Frau Witte:«Trotzdem hätte ich mich vernünftig bei Ihnen entschuldigen sollen. Tur mir leid, dass dies alles so schiefgelaufen ist.« Beide werden schmunzeln und legen den Grundstein für eine »neue« harmonische Nachbarschaft.

Das Zauberwort heißt *Hartnäckigkeit*. Langmut und kleine Signale, immer wieder. So taut eines Tages auch die dickste Eisschicht. Dieser Trick hilft sogar im Umgang mit Ihrem Finanzbeamten.

Praxis-Tipp

Üben Sie die herzliche Hartnäckigkeit im Kleinen. Sicherlich gibt es Menschen in Ihrem Bekanntenkreis, die Sie nicht grüßen und womöglich noch nie gegrüßt haben. Vielleicht ist es der Nachbar, den Sie noch nicht wirklich kennen. Die Frau, die Sie seit Monaten im Bus treffen. Der Mann am Marktstand, an dem Sie jeden Freitag vorbeigehen. Wählen Sie einen dieser Menschen aus und grüßen Sie ihn ab heute konsequent. Und dann schauen Sie, was sich verändert. Entscheiden Sie sich dafür, diesen Menschen fortan bewusst wahrzunehmen. Das kostet weniger Energie, als ihn bewusst zu übersehen.

5. Friede, Freude, Eierkuchen schmeckt auf Dauer nie

So üben Sie Kritik, ohne zu verletzen

Manche Verhaltensweisen und Eigenschaften können einen zur Weißglut bringen, auch wenn sie undramatisch und unscheinbar wirken. Dass sich der Partner beim Frühstück immer hinter der Zeitung versteckt, beispielsweise. Oder dass der Kollege ungefragt Ihre Lieblingstasse benutzt und der langjährige Geschäftspartner zu Verabredungen stets zu spät kommt. Doch irgendwann brechen alle Dämme und der Frust von Wochen, Monaten oder Jahren ergießt sich binnen weniger Minuten über dem Kopf Ihres Gegenübers. Da entwickelt sich aus einer banalen Zeitungslektüre am Frühstückstisch eine Grundsatzdiskussion über eine 20-jährige Ehe, und eine fünfminütige Verspätung führt dazu, dass der gesamte Auftrag storniert wird. Der Gescholtene versteht dann die Welt nicht mehr – und fühlt sich überdies ungerecht behandelt. War bis eben nicht alles Friede, Freude, Eierkuchen? Warum hat sich dann aus heiterem Himmel die Stimmung um 180 Grad gedreht?

Solche Situationen kommen immer wieder vor. An aufgestautem Frust zerbrechen Freundschaften, Arbeitsverhältnisse oder Beziehungen, manchmal lässt sich noch etwas retten, doch oft ist das Zerwürfnis endgültig. Was Sie tun können, um solche Eskalationen zu verhindern, erfahren Sie von Peer und seinen Freunden:

Szene: Ein typischer Samstagabend in einer Szene-
kneipe in Hamburg. Die Happy Hour ist angebrochen und die Kellner bringen Cocktails und Sekt zu
den Ledercouch-Separees am Fenster. Sanfte Chill-
out-Beats tönen aus den Lautsprechern über die
Tanzfläche bis hinaus auf die Straße.

Auftritt Studentenclique: Nach der Vernissage eines
gemeinsamen Bekannten ziehen Peer und seine
Freunde gut gelaunt durch die Straßen. Die Erstse-
mester haben sich vor zwei Monaten im Grafik-Se-
minar kennengelernt. Von der Happy Hour lassen
sie sich schnell überzeugen und erobern gleich eines
der Separees.

»Prosecco für alle«, ruft Peer zur Bedienung. Offenbar hat er heute die Spendierhosen an.

Die Freunde werfen einander vielsagende Blicke zu,
Sarah und Anne verdrehen sogar die Augen.

Aber Peer bekommt vom Stimmungsumschwung gar nichts
mit. Er gießt Sekt in die Gläser und schwärmt lautstark von
einem der Porträts auf der Ausstellung. Sarah und Anne ziehen
sich zurück und statten der Damentoilette einen Besuch ab.
Was hat ihnen wohl derart die Laune verdorben?

»Das ist doch wieder die gleiche Masche«, regt Anne
sich auf. »Peer haut auf den Putz und mimt den
Spendablen. Weißt du noch letztes Mal? Da hatte er
am Ende zufällig kein Portemonnaie dabei.«

»Und bei Benjamins Geburtstag, als wir beim Inder saßen, da war es die vergessene Kreditkarte!«, fügt Sarah hinzu. »Aber na ja, lassen wir uns mal überraschen. Der Peer ist eigentlich ein wirklich Netter. Ohne ihn würden Abende wie dieser nur halb so viel Spaß machen.«

»Stimmt«, nickt Anne. »Wir lassen uns einfach überraschen. Das Portemonnaie hatte er bei der Ausstellungseröffnung jedenfalls dabei. Ich habe gesehen, wie er seine Eintrittskarte hineingesteckt hat. Und die hat er übrigens selbst bezahlt.«

Sarah lacht jetzt wieder. »Also los, Schluss mit der Miesepeterei!«

Anne und Sarah entscheiden sich für die Harmonie. Klar, jeder vergisst mal sein Portemonnaie. Gute Freunde helfen dann gern aus. Dumm wird es nur, wenn sich die Situation wiederholt. Dann kommt schnell der Verdacht auf, dass das kein Versehen ist, sondern Taktik.

Der Abend klingt langsam aus, da zückt Peer sein Handy. Die anderen sind gerade auf der Tanzfläche, also wendet er sich an Sarah:

»Ach, verdammt, der letzte Bus! Ich muss sofort los, könnt ihr das mit dem Kellner diesmal übernehmen? Ich schaff's nicht mehr mit der EC-Karte und so. Grüß mir die anderen, ja?«

Ein Kuss auf die Wange und Peer ist auf und davon.

Sarah sitzt sprachlos da.

»Was ist dir denn über die Leber gelaufen?«, will Anne wissen, die mit den anderen gerade von der Tanzfläche zurückkommt.

»Der Peer musste plötzlich ganz schnell zum letzten Bus ...«

»... und hat uns wieder auf der Rechnung sitzen lassen«, vollendet Stefan ihren Satz.

Sarah nickt: »Wisst ihr was? Ich habe keine Lust mehr dazu. So gern ich Peer habe, genug ist genug! Wenn er das nächste Mal mitkommt, bleibe ich zu Hause.«

Von außen betrachtet ist die Situation alles andere als dramatisch. Und an Peers Verhalten ist objektiv nichts auszusetzen: Er muss dringend los und bittet die Freunde, den Rechnungsbetrag auszulegen. Was bleibt ihm auch übrig? Der Bus wartet schließlich nicht. Für Peers Freunde aber steht sein Abgang am Ende einer langen Reihe von Frust-Erlebnissen. Sie haben ihren Ärger schon zu lange heruntergeschluckt – und jetzt entlädt er sich.

Wie es so weit gekommen ist? Für Sarah ist die Antwort klar: Peer ist ihr Kumpel und sie wollte ihn nicht verletzen. Am Ende hätte sie ihm vielleicht noch unrecht getan. Doch wer sagt denn, dass Peer keine Kritik verträgt? Sarah überlegt, ob sie nicht vorschnell reagiert hat. Sie hätte Peer ja auch zur Rede stellen können. Sie geht die Szene noch mal durch und stellt sich vor, was passiert wäre, wenn sie auf Peers Aufbruch anders reagiert hätte. Und siehe da, die zarte Sarah schießt schlagfertig zurück:

>>Nein, Peer! Ich werde deine Rechnung nicht über-
nehmen – und das wird auch kein anderer hier tun.
Du hast uns eingeladen und jetzt willst du einfach
abhauen? So wie die letzten fünf Male auch? Langsam denke ich, du machst das mit System. Und das
ärgert mich! So sehr, dass ich schon darüber nachgedacht habe, dir die Freundschaft zu kündigen!<<

In Gedanken hat Sarah Peer zur Rede gestellt. Direkt und ohne Umschweife, aber tatsächlich ein bisschen hart. Denn statt konstruktiv zu kritisieren, hat sie nur ihrem Ärger Luft ge-macht. Wie der Freund auf eine Aussprache reagieren würde, kann Sarah nun in Echtzeit testen. Denn Peer steht jetzt wieder vor ihr. In der Eile hat er seine Jacke vergessen.

>>Warte bitte!<<, ruft Sarah. >>Peer, ich muss dir etwas
sagen. Ich bin gern mit dir unterwegs. Du bringst
uns alle zum Lachen. Aber mir passt es nicht, dass
du gehen willst, ohne die Rechnung zu zahlen. Das
ist in den letzten Monaten öfter passiert und es war
auch schon mehrfach Thema in der Clique. Gerade
habe ich mich gefragt: Steckt bei dir vielleicht System dahinter? Das will ich nicht glauben, aber es
fühlt sich für mich so an. Was meinst du: Irre ich
mich?<<

Peer sieht Sarah verwundert an, wirft seine Jacke auf die Couch und setzt sich wieder hin. >>So wirke ich auf euch? Also, das ist hart. Was waren denn diese letzten Male? Es ist mir wirklich peinlich, aber ich erinnere mich nicht.«

»Das kann ich dir sagen, aber was ist mit deinem Bus?«, fragt Sarah.

»Ach, weißt du – dann nehme ich eben ein Taxi. Aber das müssen wir jetzt aus der Welt schaffen. So will ich unmöglich gehen.«

Peer ist aus allen Wolken gefallen, aber er will das Missverständnis dringend klären. Auf den Schlips getreten fühlt er sich nicht, denn Sarah hat offensichtlich jeden Grund zum Ärger. Außerdem hat sie ihre Gefühle mit ihm geteilt und ihm zu verstehen gegeben, dass ihr an der Beziehung zu ihm viel liegt. Sie will ihn nicht runtermachen, sondern wünscht sich eine Lösung. Peer weiß jetzt, woran er ist.

So kommen Sie in Kontakt

Ihr Freund stört? Die Kollegin nervt? Dann schenken Sie ihnen reinen Wein ein! Denn Kritik ist eine Investition in die gemeinsame Beziehung. Reden Sie über Ihren Ärger, weiß der andere, was Sache ist. Und er bekommt die Chance, sein Verhalten zu verändern. Staut sich Ihr Unmut aber auf, so brodelt er im Untergrund und wird immer größer. Bevor Sie es merken, sind Sie dauerfrustriert, und Ihr freundschaftliches Verhältnis wird zur blassen Erinnerung. Denn innerlich haben Sie die jeweilige Person bereits als »nervig« abgestempelt und abgeschrieben.

Sie haben Angst, den anderen zu verletzen? Dann wechseln Sie doch kurz die Sichtweise: Was würden Sie von einem

Freund halten, der es nicht schafft, Ihnen die Wahrheit ins Gesicht zu sagen? Menschen wollen wissen, wie sie auf andere wirken. Sie brauchen ein Gegenüber, an dem sie wachsen können. Sie wollen Feedback – und diese Rückmeldung ist nichts anderes als ehrliche, konstruktive Kritik.

Das bedeutet nicht, dass Sie andere als Blitzableiter missbrauchen sollen. Denn Kritik ist keine Abrechnung, sondern ein gemeinsamer Prozess. Sie reinigt die Luft und verhindert Eskalationen. Deshalb lautet Ihr Ziel beim Kritisieren nicht Luft ablassen, sondern die Beziehung verbessern.

»Nie räumst du die Spülmaschine aus!« ist ein Vorwurf, keine hilfreiche Kritik. Wer das hört, wird sich zu Recht gegen eine solche Äußerung wehren. Wenn Sie den anderen in Bewegung bringen wollen, machen Sie daher Ich-Aussagen. Stellen Sie Ihre Emotionen in den Mittelpunkt, denn genau darum geht es: Sie fühlen sich unwohl mit der Situation und wünschen sich, dass sie sich ändert. Im Fall mit der Spülmaschine könnte das so klingen: »Du, Kurt, ich habe die ganze letzte Woche die Spülmaschine ausgeräumt. Langsam fühle ich mich ein wenig wie die Stand-by-Putzfrau unserer Wohnung. Was meinst du: Bilde ich mir das ein, dass ich meistens die Küchenarbeit mache?« Eine derart offene Kritik lässt diverse Reaktionen zu. Kurt kann zum Beispiel antworten: »Ich mache dafür immer das Bad.« Oder: »Mist, stimmt. Ist mir gar nicht aufgefallen. Ich habe derzeit so viel um die Ohren, das ist mir einfach durchgerutscht. Vielleicht machen wir einen Haushaltsplan, dann kann ich es nicht mehr vergessen.« Und schon ist die Situation geklärt und beide fühlen sich wohl mit der Lösung.

Wenn Sie Kritik üben, vermeiden Sie Sätze wie »Nie spülst du ab!« oder »Immer muss ich dich erinnern, dass ...«. *Nie* und *immer* sind wahre Dolchworte! Denn die Tatsachen werden dadurch meist überzogen dargestellt. Ob der andere wirklich

»nie« abspült? In den allermeisten Fällen ist das eine Unterstellung und entspricht nicht der Realität.

Sollte die Diskussion einmal nicht so schnell erledigt sein, gehen Sie auf die Aussagen Ihres Gesprächspartners ein. Respektieren Sie seine Gefühle, denn sie sind genauso berechtigt wie Ihre.

Mein Extratipp, wie Sie Ihre Wertschätzung zum Ausdruck bringen: Streichen Sie das Wort »aber« aus Ihrem Wortschatz. »Aber« signalisiert: »Ja, ja, rede du nur. Aber eigentlich lasse ich deine Argumente nicht gelten.« Wenn Sie sagen: »Du putzt ja häufig das Bad, aber die Spülmaschine räumst du nie aus!«, dann liegt der Fokus auf dem, was der andere nicht tut. Also auf dem Mangel. Bei so einer Äußerung fühlt sich Ihr Gesprächspartner dafür, dass er in den meisten Fällen für die Sauberkeit im Bad sorgt, nicht genügend anerkannt.

Stellen Sie deshalb auch das Positive am anderen heraus und geben Sie ihm die Möglichkeit, die Situation zu verbessern. Ersetzen Sie das »aber« durch »und«, und schon ist der angreifende Ton entschärft. Sagen Sie etwa: »Du putzt ja häufig das Bad, das finde ich echt nett. Und wenn du mir ab und zu auch beim Ausräumen der Spülmaschine unter die Arme greifen könntest, würde ich mich freuen.«

Wenn Sie besonderes Fingerspitzengefühl zeigen wollen, dann sagen Sie Ihrem Gegenüber nicht direkt, was er tun soll, sondern Sie bringen ihn dazu, selbst Verbesserungsvorschläge zu machen. Denn es gibt nichts, was Menschen lieber umsetzen, als ihre eigenen Ideen. Mit diesem Trick ergreift der Kritisierte die Initiative und steht wieder auf einer Stufe mit dem Kritiker. So schaffen Sie auch weiterhin die Basis für eine faire, ausgewogene Beziehung.

Praxis-Tipp

Sie möchten üben, offene und wertschätzende Kritik zu äußern? Suchen Sie sich unter Ihren Freunden jemanden, der Sie gerade besonders nervt, und legen Sie los! Teilen Sie dem Menschen mit, was genau Sie an ihm schätzen *und* was Sie konkret an seinem Verhalten stört. Damit vermitteln Sie Ihrem Gegenüber Anerkennung und geben ihm gleichzeitig die Chance, Ihre Beziehung zu vertiefen und zu festigen. Damit Sie nicht zu viel aufs Spiel setzen, üben Sie zuerst an kleinen »Baustellen«: Wenn das funktioniert, ist das Risiko, dass bei engeren Freunden etwas schiefgeht, zu vernachlässigen.

6. Ein Blick sagt mehr als tausend Worte

Warum das Wort »danke« meist überflüssig ist

Es gibt Verhaltensweisen, die beherrscht man im Schlaf. Jemand niest, man sagt »Gesundheit!«. Sie kommen ins Büro und wünschen »Guten Morgen«. Ein Bekannter läuft Ihnen über den Weg, Sie fragen »Wie geht's?«. Ganz gleich, ob Sie an seiner Befindlichkeit interessiert sind oder nicht, Sie erkundigen sich danach, weil *man* es in unserer Gesellschaft so macht. Wir haben es so verinnerlicht, dass wir oft ganz unbewusst handeln und reagieren. Aus demselben Grund sagen wir auch mehrmals am

Tag »danke!«. Wer es nicht tut, grenzt sich selbst aus. Denn er verstößt gegen die grundlegenden Regeln der Etikette.

Das wissen schließlich schon kleine Kinder. Und sie setzen alles daran, höflich zu sein. Eine Scheibe Wurst auf die Hand? »Danke, Herr Metzger!« Ein Geschenk? »Danke, Opa Kurt!« Wie heißt das Zauberwort? Danke, danke, danke! Noch ein routiniertes Lächeln und ein Knicks und schon ist die Pflicht erledigt. Jetzt darf das Kind die Wurst in den Mund stecken, das Geschenkpapier aufreißen und sich den schönen Dingen des Lebens zuwenden.

»Danke sagen tut nicht weh«, hat meine Oma immer gesagt. Und sie hatte recht. Ein ehrliches »Danke« kann Türen öffnen, Kriegsbeile begraben und den Grundstein für lebenslange Freundschaften legen. Ein *ehrliches* wohlgemerkt. Sofern es wirklich von Herzen kommt. Denn es gibt auch Menschen, die bedanken sich tausend Mal am Tag, und nicht ein einziges Mal kommt dieser Dank bei ihrem Gegenüber an. Andere benutzen das Zauberwort fast nie, aber man spürt ihre Dankbarkeit und behält sie im Gedächtnis. Warum das Wort »danke« oft zur hohlen Floskel verkommt? Sehen Sie selbst:

Szene: Die Empfangshalle eines Frankfurter Hotels im minimalistischen Asien-Stil. Die Uhr über der Eingangstür zeigt 23:50. Leise Klaviermusik perlt aus versteckten Lautsprechern, ein Springbrunnen plätschert und die goldenen Wegweiser zu Sauna, Wellnessbereich und Sonnenterrasse glänzen matt im Dämmerlicht.

Hinter der Rezeption: Zwei junge Frauen in schlichter schwarzer Eleganz, die Blusen hochgeschlossen, die Gesichter vom Licht des Computerbildschirms beschienen. Auf dem Flatscreen-Monitor: schicke Imagefotos der Hotels der Kette in aller Welt. Auf den Gesichtern: Entspannung pur.

Eine ganz normale Nachtschicht in einem ganz normalen Business-Hotel. Die beiden Angestellten Tanja Sachs und Astrid Niemeyer arbeiten erst seit wenigen Monaten in dem 5-Sterne-Haus. Die Schulung »Professionelle Gästekommunikation« haben sie in der hoteleigenen Akademie mit Auszeichnung absolviert. Sie sind stolz darauf, dass sie jetzt allein am Empfang stehen dürfen, und obwohl eine lange Nacht bevorsteht, haben sie ihren Spaß und unterhalten sich bestens.

Auftritt Marc Hansen: Den Rollkoffer im Schlepptau, ein abgekämpftes Lächeln im Gesicht, geht der Münchner Geschäftsmann zielstrebig auf die Rezeption zu. Beiläufig und ohne dass er sich dessen bewusst zu sein scheint, entspannt er die Schulterpartie, lockert den Krawattenknoten und nimmt das Namensschild ab, das noch am Jackett hängt.

»Guten Abend, Marc Hansen mein Name, ich hatte ein Zimmer reserviert.«

Hansen kommt von einer internationalen Messe. Den ganzen Tag über musste er verhandeln, reflektieren, funktionieren. Als Geschäftsmann jettet er mehrmals im Monat zu Meetings, Trainings oder Konferenzen. Und wenn er abends ins Hotel kommt, möchte er nur noch abschalten, »nach Hause kommen« – soweit das in einem sterilen Hotel eben möglich ist. So auch heute. Ob ihm das im Kontakt mit der Hotelangestellten gelingt?

Astrid fährt hoch und die Urlaubsfotos weichen binnen Sekunden der Anmeldemaske des Hotels.

»Herr Hansen!«, trällert Tanja, und ihr entspanntes Lächeln wird zur professionellen Maske. Ihre Tonlage schnellt zwei Oktaven in die Höhe und wirkt in der stillen Lobby überlaut und deplatziert: »Einen wunderschönen guten Abend wünsche ich. Danke, dass Sie unser Gast sind! Darf ich Sie bitten, unser Check-in-Formular auszufüllen? Vielen Dank für Ihre Mühe, Herr Hansen! Als Dankeschön für Ihr Vertrauen gleich noch der Gutschein für den Welcome-Drink an unserer Han-Chi-Bar.«

Tanja tippt in der Eingabemaske herum, und wo sie einmal in Fahrt ist, sprudelt sie gleich weiter: »Herr Hansen, ich wäre Ihnen sehr dankbar, wenn Sie uns Ihre Kreditkarte geben könnten, damit die Zahlung gesichert ist – danke sehr! Gern führt meine Kollegin Sie auch in den Wellnessbereich. Für treue Kunden gibt es als Dank unser Bonusprogramm. Damit genießen Sie ...«

Fröhlich und noch immer viel zu schrill informiert Tanja nun über die Sauna-Öffnungszeiten. »Wir freuen uns sehr, Ihnen hier bei uns jederzeit den besten Service bieten zu können, Herr Hansen. Wann dürfen wir Sie morgen wecken?«

Wow, sechs Mal »danke« in einer Minute! Da muss sich Marc Hansen doch besonders willkommen fühlen, oder? Schließlich hat Tanja alles richtig gemacht: Sie hat den Gast beim Namen genannt, sich mehrfach bedankt und ihn nach bestem Wissen und Gewissen über alle Serviceleistungen informiert, die ihm als loyalem Kunden zustehen. Wie Tanjas Eifer bei Hansen ankommt? Schauen wir doch einfach einmal nach, was er von der Hotelangestellten denkt:

Herrgott noch mal, was redet die Frau denn so viel? Ein Blick in meine Buchung, dann wüsste sie schon, dass ich die Sauna gar nicht nutzen kann. Ich bin doch nur eine Nacht hier! Dann noch diese Stimme! Und dieses aufgesetzte Botox-Lächeln! Und dieses Danke hinten und Danke vorne! Warum behandelt sie mich nicht einfach wie einen ganz normalen Menschen? Gut, sie versucht, ihren Job zu machen. Aber was ein Gast mitten in der Nacht nach einem langen, anstrengenden Tag braucht, das weiß sie anscheinend gar nicht – und vermutlich interessiert es sie nicht die Bohne. Ich will einfach nur ins Bett und nicht vollgesülzt werden.

Beim Eintreten war Marc noch guter Dinge. Nachdem er vier Minuten an der Rezeption gestanden hat, wirkt er nun eher gequält. Er nickt etwas steif zu Tanjas Redeschwall und sucht in ihrem künstlichen Lächeln vergeblich nach einer Prise Menschlichkeit. Willkommen geheißen fühlt er sich hier nicht. Und Tanja? Die hat ihr Programm erfolgreich abgespult und dreht sich kurz um, um dem Herrn endlich das zu geben, worauf er die ganze Zeit gewartet hat. Einige Sekunden lang sucht Tanja den Schlüssel auf dem Bord – um dann festzustellen, dass Astrid ihn ihr schon entgegenhält.

»Suite 15?«, fragt Astrid schelmisch. Tanja lächelt zurück und nimmt ihr mit natürlicher Vertrautheit den Schlüssel vom Zeigefinger: »Astrid, du liest meine Gedanken!« Ihre Stimme hat wieder die normale Sprechhöhe angenommen, das Lächeln ist warm, echt – und kommt von Herzen.

Marc beobachtet die Szene, und ein weicher Ausdruck stiehlt sich plötzlich auf sein Gesicht. So, wie sie Astrid anlächelt, erinnert ihn Tanja an seine Tochter. Für einen winzigen Moment sieht Hansen den *Menschen* hinter der Hotelangestellten aufblitzen. Ein ganz und gar sympathisches Mädel, findet er. Doch als Tanja sich wieder ihrem Gast zuwendet, schnellt ihre Stimme erneut in den antrainierten Business-Modus. Ihr Gesicht gefriert zur Maske:

> »Bitte sehr, Herr Hansen. Und *vielen* Dank, dass Sie sich für unsere Suite entschieden haben. Wir wünschen Ihnen eine angenehme Nachtruhe und sind gern *jederzeit* für Sie da, wenn Sie weitere Wünsche haben.«

Der Augenblick ist vorüber, und Tanja hat ihre Chance endgültig verspielt. Am liebsten würde Marc Hansen sich »von ganzem Herzen für die vollkommen überflüssige Unterhaltung bedanken«. Doch sein Anstand lässt ihn die ironische Bemerkung hinunterschlucken. Stattdessen wünscht er knapp eine Gute Nacht und verschwindet gen Fahrstuhl. Während die Tür zugeht, sieht er, wie Tanja sich wieder dem Flatscreen zuwendet und in das entspannte Lächeln von vorhin wechselt. Spätestens jetzt ist Hansen klar: In diesem Hotel fühlt er sich nicht von Herzen willkommen.

Etwas ist schiefgelaufen bei der Kontaktaufnahme zwischen Tanja und Marc. Dabei war die Ausgangssituation doch vielver-

sprechend: Tanja wollte ihren Job gut machen und dem Gast
einen herzlichen Empfang bereiten. Und Marc wollte nichts
weiter als einchecken, seine Schlüssel in Empfang nehmen und
nach einem freundlichen »Schlafen Sie gut!« auf sein Zimmer
gehen. Stattdessen fühlt Marc sich nicht wie ein Mensch mit
Wünschen und Bedürfnissen behandelt, sondern wie »Kunde
Nr. 7511 aus Suite Nummer 15«. Wünschen wir Tanja, dass Marc
Hansen am nächsten Morgen sein ehrliches Feedback abgibt.
Wenn nicht, wird Tanja den nächsten Gast wieder nach Lehr-
buchwissen abfertigen. Perfekt – und vollkommen blutleer. Allen Dankeschön-Floskeln zum Trotz.

So kommen Sie in Kontakt

Sie haben vor, sich bei einem Freund zu bedanken, und möchten, dass es auch richtig ankommt? Dann zeigen Sie es in Ihrem
Gesicht, in Ihrer Körpersprache und in Ihrem Verhalten. »Leider lässt sich eine wahrhafte Dankbarkeit mit Worten nicht
ausdrücken«, das wusste schon der Dichterfürst Johann Wolf-
gang von Goethe. Und seit Goethes Zeiten hat sich an der Sache wenig geändert. Das belegen auch die Untersuchungen des
amerikanischen Psychologen Paul Ekman.

Ekman ist eine Koryphäe auf dem Gebiet der nonverbalen
Kommunikation. Gemeinsam mit einem Kollegen hat er das
Facial Action Coding System (FACS)* entwickelt, mit dem emotionale Ausdrucksmuster erfasst und beschrieben werden können. Ekman unterscheidet zwischen bewusster und unbewuss-

---

*   Ekman, Paul/Friesen, Wallace. Facial Action Coding System: A Tech-
     nique for the Measurement of Facial Movement. Consulting Psycholo-
     gists Press, 2002

ter Mimik und hat dazu Erstaunliches herausgefunden. Wir können uns anstrengen, so viel wir wollen: Die Augen werden beim aufgesetzten Lächeln *nicht* mitgesteuert. Ganz gleich, wie sehr wir uns bemühen: Die Augen lügen nicht! Und auch ihre Stimme können nur wenige authentisch verstellen.

Bei Tanja war dieser Unterschied geradezu eklatant. Aber auch im Alltag kommt es immer wieder vor, dass jemand Danke sagt, ohne wirklich dankbar zu sein. Denken Sie an die Kassiererin im Supermarkt und ihr monoton abgespultes »Vielen Dank für Ihren Einkauf«. An den Kollegen, für den Sie kurz nach acht den Aufzug aufgehalten haben. Er knallt Ihnen ein »Anstands-Danke« hin, flucht in Gedanken aber über die verspätete Straßenbahn. Oder das unachtsame Danke, wenn Sie Ihrem Partner beim Frühstück die Butter reichen und er kaum hinter seiner Zeitung hervorlugt. All diese Dankesbezeugungen werden achtlos hingeworfen. Also kann man sie sich ebenso gut sparen.

Das Wort »danke« liegt Ihnen auf der Zunge? Bevor Sie es sagen, überprüfen Sie, ob es auch wirklich von Herzen kommt! Dankbarkeit will empfunden sein – nur dann springt sie über und erreicht ihr Ziel. Ansonsten gilt der Grundsatz: Weniger ist mehr. Wenn Sie Kfz-Mechaniker sind und das Auto Ihres Kunden reparieren, müssen Sie sich nicht für seinen Auftrag bedanken. Ihr Dank für sein Vertrauen ist Ihre gute Arbeit. Statt Floskeln schenken Sie Ihrem Kunden lieber ein Lächeln. Zeigen Sie, dass Sie Ihre Arbeit für ihn gern tun. Mit einem offenen Blick und einem Handschlag. Werden Sie sich bewusst: Ein ehrliches Lächeln hat mehr Wert als ein sachlich-kühles Dankeschön.

Praxis-Tipp

Laufen Sie einen Tag lang mit offenen Ohren durch die Stadt und achten Sie auf das Zauberwort. Wie oft hören Sie es? Und wie oft fühlen Sie echte Dankbarkeit? Merken Sie einen Unterschied? Dann gehen Sie zur Analyse über. Wie kommt es, dass Ihnen bei manch einem Dank das Herz aufgeht und viele andere Dankesbekundungen Sie nicht im Entferntesten berühren? Beobachten Sie Ihre Mitmenschen genau und machen Sie sich Notizen. Je genauer Sie Ihr Umfeld wahrnehmen, desto besser werden Sie erkennen, wann das Wort »danke« einen Wert hat – und wann es nur eine wirkungslose Floskel ist.

NACHWORT

»Das ändert alles.« – Mit diesem Slogan wirbt Apple für das
iPhone. Auf dramatische Art verändert hat sich in den letzten
Jahren vor allem eines: unsere Kommunikation. Dank den
Smartphones hat heute fast jeder das Internet in der Hosenta-
sche. Die meisten sind inzwischen Mitglied in sozialen Netz-
werken und teils sind sie permanent dort online. In der S-Bahn,
im Bus und während Wartezeiten greifen wir fast schon reflex-
haft nach dem Handy – und manche von uns tun das sogar
mitten im zwischenmenschlichen Gespräch. Genau darin liegt
das Problem: Die sozialen Netzwerke drohen uns ironischer-
weise von unserem sozialen Leben abzuschneiden. Wir ersetzen Begegnungen in der realen Welt mit virtuellen Kontakten.

Das geschieht nicht nur in der Freizeit, sondern genauso im
Business. Auch hier hat sich rein quantitativ eine Explosion der
Kommunikation ereignet. Wer ist nicht schon von einer schier
unbeherrschbaren Menge digitaler Post an seinem Arbeitsplatz
empfangen worden? Wer liest seine Antwort-Mails nochmals
gründlich durch, bevor er auf »Senden« klickt? »Muss nur noch
kurz die Welt retten, ... 148 Mails checken« – der Refrain des
Hits von Tim Bendzko beschreibt den alltäglichen Wahnsinn
präzise. Wir leben im Kommunikationszeitalter – unsere Kommunikation wird mehr und mehr. Aber sie wird zugleich ober-
flächlicher. Sie setzt uns unter gewaltigen Stress. Und sie lässt
uns oft genug das Eigentliche im Leben verpassen: echte
menschliche Begegnungen.

Schon mal was von virtuellen Teams gehört? Viele sagen: Das ist die Zukunft der Arbeit. Shanghai, Los Angeles, München-Neuperlach – die Schreibtische sind über die ganze Welt verstreut. Aber wir tun mal so, als ob wir uns alle in benachbarten Räumen befänden. Schließlich sind wir alle doch Kollegen. Die Technologie liefert uns faszinierende Möglichkeiten. Doch die weltweite Vernetzung hält auch verführerische Täuschungen parat. Ist es wirklich so, dass wir uns problemlos näher kommen, bloß weil wir via Skype das Gesicht eines 12 000 Kilometer entfernten Kollegen auf unserem Flatscreen sehen?

»Sie glauben gar nicht, wie überwältigend die Sehnsucht nach dem realen, persönlichem Miteinander ist«, sagte mir neulich nach einem meiner Vorträge ein IT-Experte. Er muss es wissen, denn sein Job ist es, Online-Schulungen zu organisieren. Nicht, dass der Mann an seiner Aufgabe zweifelt. Er findet die Chancen der Webinar-Technik fantastisch und plädiert eindringlich dafür, sie auszuschöpfen. Aber er registriert auch ganz genau, dass die Menschen darüber hinaus noch ganz andere Bedürfnisse haben: Sie wollen miteinander Mittag essen gehen, nach Feierabend in einer kleinen Bar quatschen. Oder sich mal in der Freizeit zum gemeinsamen Besuch eines Rockkonzerts, Fußballspiels oder auch nur auf einen Cappuccino verabreden.

Diese Wünsche sind bei weitem weniger banal, als sie sich für viele anhören. Atemfrequenz, Finger-Aktivität, Stirnrunzeln – Experten für Körpersprache kennen über 100 000 nonverbale Body Tells, alles Signale der Körpersprache, die den Verlauf eines Gesprächs erheblich beeinflussen. Über den Bildschirm nehmen wir nur einen Bruchteil davon wahr. Ganz zu schweigen von der Verzerrung dieser Signale. Hinzu kommt: Unser online-Dialog ist effizienz-getrimmt. Wir tauschen uns bis ins letzte Detail über technische Probleme aus. Aber wer fragt, wie's den Kindern geht? Wer erkundigt sich nach dem gestrigen

Abend? Wer flachst und scherzt? Genauso fehlt uns der freund-
schaftliche, warm pulsierende Handschlag, der aufmunternde,
lockere Klapps auf die Schulter, die positive Energie eines offenen, freundlichen Lächelns aus 1,20 Meter Entfernung.

Künstliche Kommunikation erleichtert uns im Arbeitsleben
vieles. Doch wie immer, wenn wir uns etwas zu oft zu leicht
machen, drohen wichtige Fähigkeiten zu verkümmern. Auf
Menschen zuzugehen, ein Gespräch zu entfalten, Sympathien
zu gewinnen – all das braucht Training. Niemand wird vom
Anschauen eines Fußballspiels fit. Wir müssen uns schon
selbst zum Joggen aufraffen oder zum Gewichte stemmen im
Studio. Doch keine Sorge, es gibt einen Trainer und Sparrings-
partner, der uns dabei tatkräftig unterstützt: unsere eigene Natur. Wir müssen sie nur wieder entdecken.

Homo socialis – der Mensch ist in seinem Kern ein so-
ziales Wesen. 100 000 Body Tells? Hört sich beeindruckend
an. Doch vergessen wir nicht: Die meisten davon sind uns in die
Wiege gelegt. Unsere Muskeln brauchen nur ein wenig Stret-
ching, zum Beispiel um die Mundwinkel herum. Oft geht das
schneller, als wir glauben wollen. Schon mal auf der Autobahn
die Erfahrung gemacht, wie sich zwei Menschen beim simplen
Überholen bekriegen? Oder im Stadtpark, wenn wild gewordene
Radfahrer und Passanten aneinander geraten? Vogel zeigen, Stin-
kefinger raus, Stirnrunzeln, krause Nase – bis hin zum Brustge-
trommel, das einem Gorilla-Silberrücken zur Ehre gereichte.
Und natürlich lärmende Wut- und Kriegsschreie statt zarter
Verlegenheit der Worte. Tja, wenn wir aggressiv werden, dann
scheinen plötzlich unsere Urinstinkte der Artikulation prächtig
zu funktionieren. Warum sollte das anders sein, wenn wir Menschen von uns überzeugen wollen?

Sie haben in diesem Buch viel über die Kunst der Kommunikation gelesen. Aber Sie sollen wissen: Mir ist klar, wie schwer

es in vielen Situationen fällt, zu kommunizieren. Die Zeiten des potenzierten digitalen Austauschs haben es mit sich gebracht, dass unsere Fähigkeiten zum direkten Kontakt eingerostet sind. Deswegen ist es entscheidend, sich auf das Wesentliche zu besinnen: Simplify your communication – das ist mein ultimativer Tipp für jeden, der in sich Kommunikationsscheu spürt.

Ihre Instinkte sind ein mächtiges Instrument, haben Sie Vertrauen in sie. Machen Sie es bitte nicht zu kompliziert. Gehen Sie auf den anderen zu. Und zwar so einfach wie möglich. Sprechen Sie Ihr Gegenüber an, mit der schlichten Frage: »Hallo, darf ich Sie ansprechen?« Und dann erzählen Sie, was Ihnen aufgefallen ist, was Ihnen gerade in den Sinn gekommen ist. Vor allem: Lächeln Sie. Sagen Sie gelegentlich etwas Triviales: »Mensch, Sie haben auch ziemlich lange Arbeitstage.« Meist genügt eine Bemerkung, die über die eigenen Lippen huscht. Sie wird einen wohl tuenden Automatismus in Gang setzen. Denn wir sind auf Austausch programmiert, seit sich die Urhorde am Höhlenfeuer zusammensetzte, um sich wieder und wieder die alten Geschichten von der Pirsch aufs Mammut zu erzählen.

Und wenn's mal hakt? Kein Problem. Es muss doch nicht alles auf Anhieb bestens funktionieren. Wer erwartet schon, wenn er nach längerer Zeit wieder das erste Mal um den Block läuft, dass er sich nächste Woche gleich beim New York City Marathon anmelden kann? Es gilt das Sport-Motto: Dranbleiben und dabeibleiben ist alles. Die Motivation dafür gibt es bereits seit Anbeginn der Zeiten: »Es ist nicht gut, dass der Mensch allein sei«, heißt es im Buch Mose. Wir sind auf Gemeinschaft angelegt. Darauf, dass wir anderen etwas mit-teilen. Denn erst im Zusammensein kommen wir zum Kern unseres Selbst. Gibt es einen schöneren Grund, Menschen zu gewinnen?

Ihr Robert Spengler